Thomas Meinecke
Mode & Verzweiflung

Suhrkamp

suhrkamp taschenbuch 2821
Erste Auflage 1998
© Suhrkamp Verlag Frankfurt am Main 1986 und 1998
Suhrkamp Taschenbuch Verlag
Alle Rechte vorbehalten, insbesondere das
des öffentlichen Vortrags, der Übertragung
durch Rundfunk und Fernsehen
sowie der Übersetzung, auch einzelner Teile.
Satz: Hümmer GmbH, Waldbüttelbrunn
Druck: Nomos Verlagsgesellschaft, Baden-Baden
Printed in Germany
Umschlag nach Entwürfen von
Willy Fleckhaus und Rolf Staudt

1 2 3 4 5 6 – 03 02 01 00 99 98

Mode & Verzweiflung

Vorwort

1972 brachte die Londoner Art School Band Roxy Music ihr epochales erstes Album heraus. Mein Freund Bernd Kühl überreichte es mir auf einem Hamburger Schulhof, und Roxy Music veränderte beziehungsweise erweiterte mein Denken radikal. Fünf Jahre später waren wir beide in Roxy Munich gelandet.

1978 begründete ich, zusammen mit einigen Gleichgesinnten, zu denen auch Bernd Kühl gehörte, an einer Münchner Ausfallstraße, in einem stadtbekannten Haus, welches ausschließlich an Prostituierte und mehr oder weniger studentische Wohngemeinschaften vermietet worden war, die bohemistische Zeitschrift Mode & Verzweiflung, deren Titel natürlich auf Bernd Kühl zurückging. Sie wurde von allen Beteiligten zu gleichen Anteilen vorfinanziert, in verschiedenen, meistens anarchistischen Druckereien Münchens und Westberlins zu jeweils eintausend Exemplaren gedruckt und von den Autoren selbst in Cafés, Clubs und Diskotheken verkauft. Ein festes Kontingent ging regelmäßig an ausgewählte Buch- und Plattenläden in diversen Metropolen. Der Veröffentlichungsrhythmus sollte sich im Laufe der achtziger Jahre verlangsamen; insgesamt sind zwischen 1978 und 1986 acht Hefte Mode & Verzweiflung erschienen.

Weitere Mitwirkende in Wort und Bild waren Andreas Ammer, Christoph Best, Matthias Colli, Susanne Erasmi, Gisela Getty, Justin Hoffmann, Pia Lanzinger, Michaela Melián, Thomas Palzer, Wilfried Petzi, Christoph Schlingensief, Bernd Tischer (alias Berg Lauchstaedt), Rainer Weiss und viele andere mehr. Außerdem ging 1980 aus Mode & Verzweiflung die Band F. S. K. (Freiwillige Selbstkontrolle) hervor, deren Mitglied ich bis heute bin.

Mehrheitlich in den mittleren bis späten fünfziger Jahren geboren, waren wir in unserer maßgeblichen Sozialisation, wie wir es gern formulierten, für 1968 (Hippie) zu jung und für 1977 (Punk) bereits zu alt gewesen. Als flanierender Haufen hedonistischer Partisanen war es uns dann zunächst einmal darum gegangen, die herrschende Innerlichkeit der sozialdemokratisch verdorbenen Siebziger in die Flucht zu schlagen, um daraufhin diejenigen falschen Achtziger, welche sich irrtümlich im Schulterschluß mit uns wähnten, nicht minder erbarmungslos zu diskreditieren. Das Ja zur modernen Welt erschien uns dabei vorübergehend als die denkbar größte Möglichkeit zu politischer Dissidenz.

Als Mitte der achtziger Jahre, zuvorderst von meiner eigenen Generation, eine ärgerliche Lawine zunächst belanglos simulierter, schon bald gefährlich reaktionärer Diskurse losgetreten worden war, stellten wir unser kleines, subkulturelles Organ wieder ein und machten uns, nach einer gewissen Phase überlegter Diskretion, eifrig daran, in Worten wie auch Taten nachzuweisen, daß postlinks, in logischer Konsequenz, erst recht links bedeuten mußte.

Seit 1982 hatte ich eine eigene, unregelmäßige Kolumne im Feuilleton des Wochenblattes Die Zeit, die ich mit, wie sich heute wieder sagen läßt, subversiven Anekdoten bestückte. 1986 bildete ein Großteil von diesen den Schwerpunkt meines ersten, mittlerweile längst vergriffenen Buches *Mit der Kirche ums Dorf*; 1987 löste ich die Kolumne wieder auf. (Letzter Beitrag: Quarantäne.)

In dem vorliegenden Panorama der achtziger Jahre sind nun zahlreiche dieser Anekdoten wiederzufinden; sofern sie nicht, was ich damals ja durchaus beabsichtigt hatte, mit dem historischen Hinfälligwerden ihres Referenzrahmens gleichfalls verblaßt beziehungsweise ungültig geworden sind. Die hier übernommenen scheinen mir bis heute zu funktionieren, wenngleich ihre politisch nicht nachkorrigierte Wortwahl sie, sozusagen vom Sound her, eindeutig den taktisch affirmativen Strategien der frühen Achtziger zuordnen läßt.

Auf Unser Wienerwald hin, meinen ersten Text in der Zeit, hatte ich, sozusagen 1:1, Essensgutscheine des nervös gewordenen Hähnchen-Herstellers zugeschickt bekommen; Neger in Immenstadt: Verraten und verkauft brachte mir dagegen ausführlichen Ärger mit dem Bürgermeister von Immenstadt im Allgäu ein, weil es dort nämlich angeblich gar keine gab. (Negerfreies Immenstadt.)

Viele der hier versammelten Texte aus den Jahren 1977 bis 1987 standen ursprünglich in Mode & Verzweiflung, darunter auch ein manches verdeutlichendes Manifest aus Heft 6 (Neue Hinweise: Im Westeuropa Dämmerlicht 1981). Eine nützliche Gebrauchsanweisung zu dem vorliegenden Buch gibt wohl der 1986er Katalogtext Das waren die achtziger Jahre ab. Einige Anekdoten sind im Bayerischen Rundfunk gesendet worden; von Michael Skasa, der schon sehr früh, ohne daß ich es ahnte, begonnen hatte, meine Beiträge aus Mode & Verzweiflung für das Radio zu produzieren. Theater zu Parkhäusern ist sowohl in Mode & Verzweiflung als auch, wenngleich ziemlich verändert, in einem der ersten Hefte des unseligen deutschen Wiener erschienen (q.e.d.).

Das Umschlagfoto zeigt ein Mädchen (heute Rechtsanwaltsgattin) aus unseren damaligen Kreisen, welches wir gegen Ende der siebziger Jahre für Mode & Verzweiflung fotografiert hatten. Da wir das Resultat damals als zu ordinär empfanden, findet es hier und heute seine erste, womöglich endgültige Bestimmung.

Thomas Meinecke, 1997

Café Adler

Lieber noch ins Café Adler gehen wir als ins Cadillac. Wenn uns auch beides nicht so recht gefällt, so ziehen wir doch das Café Adler dem Cadillac bei weitem vor. Im Cadillac, wie Ihr alle wißt, gedeiht die Niedertracht, das Gewöhnliche getarnt als das Ungewöhnliche. Vom Café Adler wissen wir nichts zu berichten. Und insgeheim hassen wir alle diese Cafés.

1977

Voici le temps des assassins!

Es war einer der letzten heißen Sommertage, als ich im Strand-Café an einem Nebentisch den gesuchten Terroristen Soundso entdeckte. Höflich bat ich ihn, an seinem Tisch Platz nehmen zu dürfen. Und schon bald gerieten wir in ein interessantes Gespräch, zuerst über die Theorie des Cafés, dann über die Frauen, und schließlich kamen wir auf den Kampf zwischen Staat und Guerilla zu sprechen. Wenn wir uns auch in all diesen Punkten heftig mißverstanden, so stellten wir doch eine große Übereinstimmung in unserem Krawattengeschmack fest. Denn wir trugen beide Krawatten, und vielleicht sogar aus ähnlichem Grund. Allerdings konnte ich auch nach dem siebenten Bier seine Neigung zur Gewaltsamkeit ebensowenig teilen wie er die meine zum Café. Als der gesuchte Terrorist schließlich mitten in der erhitzten Diskussion verärgert aufstand, den Tisch verließ und unter dem Einfluß des Alkohols schwerfällig zur Kasse wankte, rief ich ihm hinterher: Deine Unerbittlichkeit ist ja härter als die des Lebens! – Ach, geh doch nach Kanada! rief er zurück. Und nachdem er gezahlt hatte, verschwand er bald in der traurigen Menge von Sonntags-Spaziergängern.

1978

Ein Student verirrt sich

Extra zum Studium der Technischen Wissenschaften war Roman Rollo Ende der siebziger Jahre aus dem Niederbayrischen in die Landeshauptstadt gekommen, wo er ein gewissenhaftes und sogenanntes Studentenleben führte. Er reihte sich schnell und unauffällig in das Heer seiner Kommilitonen ein: der gepflegte Bart war bald gewachsen, Skijacke und Aktenkoffer besaß er bereits seit der gymnasialen Oberstufe in Niederbayern, und Adidas-Schuhe waren schon immer die bequemsten gewesen.

Roman Rollo hatte anfänglich stark unter der Unübersichtlichkeit der Großstadt zu leiden. So blieb er abends meistens allein in seiner Bude des Studentenwohnheims, und wenn er Besuch von seiner Sandkastenfreundin Erika bekam, drängte er bereits um einundzwanzig Uhr zum Aufbruch der Freundin, mit der ihn nichts weiter als ein sprödes sexuelles Verhältnis verband. Sandkastenfreundin? Tatsächlich hatten Roman und Erika bereits vor fünfzehn Jahren in einem niederbayrischen Sandkasten unweit von Mühldorf am Inn zusammen gespielt, nun hatten sie sich im Oberbayrischen auf einem Faschingsball der Technischen Universität zufällig wiedergetroffen und waren, darauf legt Roman Rollo Wert, allein aus biologischen Erwägungen eine Beziehung eingegangen. Wir wollen mit dieser Anekdote jedoch auf etwas ganz anderes hinaus:

Eines Abends im Frühling 1979, und ausgerechnet, als er eigentlich wegen der Sportschau ganz schnell nach Hause mußte, blieb Roman Rollo auf dem Weg durch die Fußgängerzone der Münchner Innenstadt vor einem Schaufenster stehen und war sonderbar erregt. Die Schaufensterpuppe, in die sich Roman Rollo gleich auf den ersten Blick so hoffnungslos verliebt hatte, war wirklich von einer makellosen Schönheit. Er mußte sich eingestehen, daß er nie zuvor eine derart schöne Frau gesehen hatte. Den Reiz ihrer Anziehungskraft konnte sich Roman Rollo, dessen Lebens- und also Denkweise zu einer Verfeinerung der Nerven nicht geführt hatte, jedoch nicht näher erklären: Waren es ihre unergründlich schönen Augen, mit denen sie ihn so geheimnisvoll musterte? Oder ihr wunderbarer Körper, der unter dem Kleid, das man ihr angezogen hatte, so verführerisch zur Geltung kam? Vielleicht auch waren es die Haare, welche so weich auf ihre Schulter fielen, oder diese unvergleichliche Haarfarbe, die Roman Rollo in der Natur noch nie gesehen hatte, oder der sinnliche Mund mit jenen dunkelrot glänzenden, halbgeöffneten Lippen, hinter denen ihre perlweißen Zähne zum Vorschein kamen. Von diesen Zähnen wollte Roman Rollo, so träumte er, gern einmal sanft gebissen werden.

Später versuchte er sich vorzustellen, wie sie wohl ungeschminkt aussähe, ohne all das Rouge, das ihre Wangenknochen so stark hervorhob, und ohne das Augen-Make-up, das ihre Augen so katzenhaft erscheinen ließ, und ohne die schimmernde Lippenpomade. Zu Hause saß Roman Rollo oft stundenlang vor den Fotografien, die er heimlich von ihr gemacht hatte, und erging sich in den wildesten Phantasien.

Schließlich trieb er sich tagelang in der Fußgängerzone herum, in der Hoffnung, daß die Schaufenster ja irgendwann umdekoriert werden mußten und er somit die Gelegenheit erhielt, seine Göttin einmal unbekleidet, wie die Fabrik sie erschuf, sehen zu können. Elf Tage verbrachte er mehr oder weniger auf diese Weise, ohne daß etwas geschah. Vorlesungen, Seminare und Praktika hatte er seit über zwei Wochen sausen lassen, und der gepflegte Kinnbart begann sich in einen ungepflegten Vollbart zu verwandeln. Roman Rollo war plötzlich alles egal, und am zwölften Tag endlich sollte sein Wunsch in Erfüllung gehen.

Schon morgens um neun Uhr hatten zwei weißbekittelte Dekorateure das Schaufenster betreten. Zuerst entfernten sie alle Dekorationen, welche dem Schaufenster die Atmosphäre einer Frühlingswiese verliehen hatten, auch die beiden weißgestrichenen Fahrräder wurden entfernt. Roman Rollo stand mit klopfendem Herzen vor dem Schaufenster und beobachtete die beiden Männer nicht ohne Haß bei ihrem Tun. Und er wurde von wütender Eifersucht gepackt, als er sah, wie unachtsam die Männer der schönen Teilnahmslosen das Kleid vom Leib rissen. Als sie nun so unbekleidet dastand, mit jenen furchtbaren und so entstellenden Nahtstellen am Rumpf und mit jener so abstoßend neutralen Glätte ihrer Scham, wurde es Roman Rollo plötzlich ganz kalt ums Herz. Und als die Männer zurückkamen und der Puppe die Perücke vom Kopf nahmen, rannte er in heller Verzweiflung davon.

Und während er so rannte, fühlte er eine grenzenlose Enttäuschung in sich aufsteigen. Am Abend betrank er sich. Und den nächsten Tag verbrachte er fiebernd im Bett. Von nun an ging er wieder regelmäßig in Vorlesungen, Seminare und Praktika. Der Bart wurde gestutzt, und am Wochenende ging er gleich zweimal mit seiner Sandkastenfreundin zum Tanzen in die Olympia-Diskothek. Nach einer qualvollen Woche jedoch hielt er es nicht länger aus und nahm direkt vor der Mensa und zum Erstaunen seiner Kommilitonen eine Taxe in die Innenstadt.

Die letzten hundert Meter rannte er, dann stand er wieder vor ihr, und wieder schaute sie ihn so an.

Man hatte ihr eine blonde Perücke aufgesetzt und ein schwarzes Satinkleid angezogen, und überhaupt hatte man das Schaufenster völlig umdekoriert: Es sollte nun den Eindruck einer Diskothek erwecken, weshalb auch diverse Lichteffekte installiert worden waren, die das Schaufenster abwechselnd in den verschiedensten Farben aufstrahlen ließen und wodurch die gesamte Szenerie eine nervöse Note erhielt. Roman Rollo war sofort wieder von Kopf bis Fuß verliebt, vergessen waren die Nahtstellen und Schrauben, vergessen die Demütigungen beim Umdekorieren, vergessen der Schock, vergessen auch Sandkastenfreundin Erika, mit der er um diese Zeit zum Abendessen verabredet war: Die Schönheit war wiederhergestellt und Roman Rollo grenzenlos verzückt von dem neuen Charakterbild seiner Angebeteten. Sofort fuhr er nach Hause und kam bald mit seinem Fotoapparat zurück.

Doch groß war sein Erschrecken, als er bei seiner Rückkehr feststellen mußte, und er wunderte sich selbst über diese späte Erkenntnis, daß seine Geliebte sich in achtzehnfacher Ausführung in den verschiedenen Schaufenstern des Kaufhauses befand: es war überall das gleiche Gesicht, das gleiche Make-up, die gleiche Figur, nur hatte man ihr verschiedene Perücken aufgesetzt und unterschiedliche Kleider angezogen, ein Schaufenster zeigte sie gleich dreifach in verschiedener Unterwäsche, welche war da überhaupt die Seine?

Die Erkenntnis, daß sämtliche Schaufenster des Kaufhauses mit nur drei verschiedenen Puppentypen ausgestattet waren, versetzte Roman Rollo zuerst in außerordentliches Erstaunen und erweckte in ihm die unterschiedlichsten, sowohl schmerz- als auch lustvollen Erregungen, später jedoch machte sich wieder jene deprimierende Enttäuschung in ihm breit, die ihn bereits befallen hatte, nachdem er das Ding unbekleidet gesehen hatte. Er machte dennoch Fotografien von allen achtzehn Ausführungen seiner Geliebten, und nachts träumte er von achtzehnmal dem gleichen sinnlichen Blick.

Seiner Freundin, der Sandkastenfreundin Erika, verweigerte er jede Zärtlichkeit.

Nach einigen Wochen jedoch konnte Roman Rollo ein deutliches Nachlassen seiner Lust auf das geliebte Artefakt verzeichnen. Bald besuchte er die Schaufenster nur noch zweimal wöchentlich, und schließlich stellte er auch das Fotografieren ein. Bis er eines Tages in einer Illustrierten las, daß alle Schaufensterpuppen nach lebenden Modellen gefertigt werden. Sofort setzte er sich mit dem Chef jenes Kaufhauses in Verbindung und erfuhr schließlich auf vielen Umwegen und nach lästigem Briefwechsel, daß es sich bei dem Modell für seine Puppe um die fünfundzwanzigjährige Mireille Cassou handelte, eine Französin, die aber mit ihrem Mann in London lebe. Sofort buchte Roman Rollo einen Wochenend-Einkaufsflug nach London.

Vom Gatwick Airport nahm er eine Taxe in die Innenstadt, wo seine Angebetete, nicht weit vom Hyde Park entfernt, wohnen sollte. Der niederbayrische Student, der in seinem Leben lediglich das österreichische Ausland bereist hatte und dem schon das gemütliche Treiben der bayrischen Landeshauptstadt großstädtisch vorgekommen war, geriet naturgemäß während dieser Taxifahrt auf der linken Straßenseite durch die gewaltige Metropole Englands in heillose Verwirrung, gepaart mit einer geradezu irrsinnigen Vorfreude auf seine Geliebte.

Als die Taxe jedoch bei der angegebenen Adresse hielt, befand sich dort lediglich eine große Baustelle. Soviel Roman Rollo auch herumfragte, niemand konnte ihm sagen, wo Mireille Cassou sich befände, die meisten hatten ihren Namen nie gehört, mit dem Vorzeigen seiner Puppenfotos erntete er lediglich befremdete Blicke, und in einem Fotoatelier erfuhr er schließlich, daß es sich bei Mireille in Wirklichkeit um das uneheliche Kind einer Polin handele, deren unaussprechlichen wahren Namen niemand wisse, und daß sie seit ihrer Scheidung von dem Engländer wiederholt in Malta, beziehungsweise New York City, gesehen worden sei. Völlig niedergeschlagen flog Roman Rollo dann am Sonntag wieder nach Deutschland zurück.

Am nächsten Wochenende bereits gab er die Verlobung mit seiner langjährigen Freundin Erika bekannt

1979

Trabant

I

Und überhaupt hatte er Probleme. Das ganze Leben schien sich aus Problemen zusammenzusetzen, und dagegen war eigentlich auch gar nichts einzuwenden, bisher hatte er noch alle seine Probleme gelöst, und die Probleme der anderen,

II

die es ja auch gab,

III

interessierten ihm nur noch im Besonderen.

IV

Die Vielfalt des Lebens tischte ihm täglich neue Probleme auf, für die er schließlich nicht einmal mehr Worte fand, wie überhaupt sich in dieser Zeit die Worte nicht länger hielten als so manches Nahrungsmittel, das sich nach gewisser Zeit zuerst im Geschmack, dann in der Farbe, und schließlich in der Form einem ungenießbaren Zustand zu nähern pflegt: Es ist nicht ausgeschlossen, daß der unvorsichtige Gebrauch eines Wortes in Überschreitung seiner Haltbarkeitsfrist einen frühzeitigen Tod herbeiführen kann.

V

Wieviele Zeitgenossen sind uns allein in den letzten Jahren auf diese Weise verlorengeganegn.

VI

Und eines Tages HATTE ER ES SATT, immerzu über die Ignoranz der ANDEREN zu klagen, und er hatte es satt, immerzu flüchten zu müssen vor den ANDEREN, die nur einige Wochen nach ihm oft jene Standorte besetzten, die er irrtümlicherweise als die einzig mögliche Reaktion auf diese Welt verstanden hatte, und vielleicht waren sie ja auch für einen gewissen Zeitraum wirklich ideal, aber oft nur für einen so schrecklich kurzen Moment, und manchmal saß man auch ahnungslos in einer Pose da, und plötzlich flog krachend die Tür auf und der Saal war binnen Sekunden gerammelt voll, und dann immer diese plötzliche Panik, alles wieder zusammenpacken, und bloß schnell weiter, ABER WOHIN!

VII
Denn so genial war er nicht, daß er einmal einige Jahre in einer Position hatte ausruhen können, bevor er von den AN-DEREN eingeholt und vertrieben wurde! Wie beneidete er doch seine Idole, welche sich, wie mit einer Tarnkappe versehen, unmittelbar auf dem Weg der MORAL befanden, und die doch manchmal so lange Zeit, von der gierigen Umwelt unbemerkt, unverfolgt und unverdorben blieben, und, wenn sie auch kaum eine Wirkung hatten, doch erfolgreich waren!

VIII
Diejenigen, bei denen Erfolg und Wirkung auf Anhieb zusammentrafen, waren zumeist borniert und keines tieferen Interesses wert.

IX
Immerhin jedoch besaß er die Erkenntnis über seine Lage und die daraus entstehende unvermeidliche Unbeliebtheit in bestimmten Kreisen.

X
Wenigstens hatte er mit den Frauen keine Probleme!

XI
Auch mit der Politik hatte er schon seit langem keine Probleme mehr.

XII
Probleme hatte er vielmehr mit seiner Angst, auf ewig ein TRABANT DER ZEIT zu sein: Fremdbestimmt, wie immer er sich auch verhalten möge!

XIII
Zum neuen Jahr verschickte er an diverse Adressen einen Text, der mit den Worten endete: EURE UMWELT IST NUR EIN SCHATTEN MEINER NACHWELT.

XIV
Im Frühjahr endlich fand er einen Verleger, veröffentlichte Auszüge aus seinen Tagebüchern und verlor auf einen Schlag seine letzten Freunde.

XV
Im Sommer ließ er sich zu einer politischen Bemerkung hinreißen, auf die man ihm erwiderte: DANN GEH DOCH NACH DRÜBEN.

XVI
Im Herbst all die Behördengänge, unzählige Formulare, Steine im Weg, lange Wartezeiten: Manchmal bekam er Lust, alles wieder rückgängig zu machen. Auf den Behörden versuchte man ihn zu trösten, indem man sagte, er sei eben ein SELTENER FALL.

XVII
Im Winter war es dann soweit, genau am 12. Dezember. Zuerst fand er die Gegend etwas befremdlich, aber schließlich hatte er diesen Entschluß als letzten AUSWEG gefaßt, und

dabei sollte es auch bleiben! ER HATTE NICHTS ZU VER-
LIEREN.

XVIII
Die Wohnung kostete nur 50 Mark im Monat. Die Nachbarn waren alle sehr nett und zuvorkommend. Auch hier
gab es hübsche junge Hausfrauen, die tagsüber einsam waren. Und an die Mode hatte man sich bald gewöhnt. Vor
seinem Schlafzimmerfenster stand ein großes Plakat.

XIX
ALLES WIE AUS DEM LESEBUCH, dachte er manchmal.

XX
ENDLICH KEINE NEONSCHATTEN MEHR! Als Kultur-
Reporter bei der SÄCHSISCHEN blieb er verschont von den
trüben Verlockungen seiner Vergangenheit! Ein Freundeskreis war rasch erstellt. Und die Frauen waren nicht nur auf
seine WEST-JEANS aus, und besonders jene nette Referen-
darin von der Polytechnischen Oberschule Süd hegte ERN-
STE ABSICHTEN, was eine eventuelle Verlobung betraf. Ihr
Name war Renate Klett.

XXI
Renate zeigte ihm die schönsten Tanzlokale. Vor allem
SAMSTAGS traf man im TANZCAFE JUNGE PIONIERE die
nettesten Leute!

XXII
UND ENDLICH KEINE MISSVERSTÄNDNISSE MEHR! Die
Sprache erfreute sich hier noch einer erfrischenden Gesund-
heit! Die Worte blieben konstant, und noch keiner hatte ihn
hier einen Egoisten genannt!

XXIII

Als Kultur-Reporter bei der SÄCHSISCHEN hatte er genug Geld, um die Flitterwochen mit seiner Braut in Kühlungsborn an der Ostsee verbringen zu können; seit Jahren konnte er das erste Mal wieder wirklich FREI ATMEN!

XXIV

Und Renate war einfach super! Sowas hatte er noch nicht erlebt! Wenn er da zurückdachte, an jene Petra aus Hanau oder diese Ariane aus Bremen, – nein, da konnte der Westen nicht mithalten! Auch er war hier in ganz anderer Form!

XXV

HEILE WELT, dachte er manchmal und schlug sich auf die Schenkel. Und es kümmerte ihn wenig, daß man seine freie Mitarbeit beim NEUEN DEUTSCHLAND nach drei Wochen wieder kündigte. Er hatte ja noch die SÄCHSISCHE, und da war er hoch geschätzt und gern gesehen. Und er hatte RENATE.

XXVI

Auch das GLÜCK hatte er.

XXVII

AUFERSTANDEN AUS RUINEN.

XXVIII

Dieses Lied summte er oft vor sich hin, wenn er morgens, auf dem Weg zur Arbeit, in seinem TRABANT saß, und die Morgensonne so schön auf die Dächer der Altstadt schien.

1979

Ein häßlicher Zwischenfall

Der junge Monarch galt als durch und durch liberaler Mensch, und so wunderte sich auch hierzulande kaum jemand darüber, als er anläßlich seines hiesigen Staatsbesuches den Wunsch nach Besichtigung des bekannten und als vorbildlich geltenden Behindertensportvereins äußerte.

Nachdem es den sogenannten Stadtvätern nicht gelungen war, den königlichen Gast von diesem eigenwilligen Wunsch abzubringen, sah man sich gezwungen, die Belastung des jungen Monarchen mit etwas Derartigem in das offizielle Programm aufzunehmen.

Am selben Abend noch erarbeitete der Bürgermeister zusammen mit dem Vorsitzenden des Behindertensportvereins den äußeren Rahmen für ein entsprechendes Programm, das dem frischgebackenen Regenten am nächsten Nachmittag vorgeführt werden sollte. Weiterhin wies der Bürgermeister den Vorsitzenden an, er selbst möge gefälligst während der Vorstellung nicht in Erscheinung treten, wie überhaupt er lediglich die schönsten Behinderten des Vereins an der Veranstaltung beteiligt wissen wollte, um den liberalen Monarchen nicht unnütz zu belasten. Am besten wäre es natürlich, fügte der Bürgermeister vorsichtig hinzu, wenn ausschließlich Kinder die Vorführung bestreiten würden.

Bis spät in die Nacht noch saß der Vorsitzende des Behindertensportvereins, welcher naturgemäß selbst behindert war und auf persönliche Anweisung des Bürgermeisters am nächsten Nachmittag wegen seines unvorteilhaften und durch seine Behinderung bedingten Äußeren nicht in Erscheinung treten durfte, über einem Blatt Papier und arbeitete ein entsprechendes Programm aus, das er am folgenden Vormittag mit den schönsten Kindern des Vereins einstudierte.

Der junge Monarch wußte von alledem nichts und spendete

der Vorführung am Nachmittag großzügig Beifall. Immer wieder wollte er Einzelheiten über die Arten der Behinderung wissen. Nicht nur erkundigte er sich nach pathologischen Details, sondern ihn interessierten ebenso die Namen und das Alter der Kinder.

Als der Bürgermeister der Stadt, welcher natur- und protokollgemäß neben ihm saß, nicht alle diese Fragen beantworten konnte, verlangte der Monarch nach dem Vorsitzenden des Vereins. Dieser sei, so antwortete der Bürgermeister, nicht ohne zu erröten, unglücklicherweise am Vortage zu einer Tagung nach Frankfurt abgereist. Als der Vorsitzende, welcher sich hinter einem Vorhang verborgen hielt, diese Worte des Bürgermeisters vernahm, stürzte er, soweit seine Behinderung ihm dies erlaubte, wütend aus seinem Versteck hervor und gab sich dem erschreckten Monarchen als Vorsitzender des Behindertensportvereins zu erkennen.

Der junge König aber, der nie zuvor in seinem sonnigen Dasein einen derart entstellten Menschen zu Gesicht bekommen hatte, griff nur sprachlos nach dem Arm des Bürgermeisters, welcher seinerseits die Wache rief, den wutschäumenden Vorsitzenden des Behindertensportvereins entfernen ließ und sich daraufhin bei dem verstörten Gast auf das untertänigste für diesen häßlichen Zwischenfall entschuldigte, den er sich selbst ebensowenig zu erklären wisse.

Als der Monarch die Fassung wiedererlangt hatte, wünschte er, daß die Vorstellung fortgesetzt würde. Vor allem die Rollstuhlfahrer erregten sein mitfühlendes Interesse: Wie geschickt die jungen Menschen die Stangen umfuhren, wie sie über den Kasten sprangen und am Trampolin federten oder auf einem Reifen Pirouetten drehten.

Als die Rollstuhlfahrer gar Rock 'n' Roll tanzten, klatschte der Monarch begeistert im Rhythmus mit. Erstaunlich fand der königliche Gast auch die Blinden, die so furchtlos komplizierteste Wurfübungen vollzogen.

Nach der Schau bedankte er sich überschwenglich bei seinen Gastgebern. Noch auf der Gangway zu seinem Privatflugzeug betonte der sozialliberale Monarch, wie schön es zu erleben gewesen sei, was die Kinder alles konnten und wie sie ihr Schicksal meisterten.

Der Vorsitzende des Behindertensportvereins aber wurde, sobald der König abgeflogen war, wieder freigelassen und mit einer ansehnlichen Geldsumme entschädigt. Der Bürgermeister persönlich soll sich ausdrücklich bei ihm für jenen häßlichen wenn nicht beleidigenden Zwischenfall in der Behindertensporthalle entschuldigt haben.

1979

Villa Hammerschmidt

Es war an jenem dritten oder vierten Frühlingstag, daß ich in einem entlegenen Winkel des Stadtparks einen alten Schulfreund wiedertraf, dessen Existenz ich im Laufe der vergangenen Jahre bereits vergessen hatte. Der Schulfreund saß in sich zusammengesunken auf einer Parkbank; und nicht ich erkannte ihn zuerst, sondern er sprang plötzlich auf, lief auf mich zu, sein finsteres Gesicht, und er hatte immer schon ein finsteres Gesicht gehabt, erhellte sich kurz, und er schlug mir seine Hand auf die Schulter. Worte fand er keine. Erst jetzt erkannte auch ich den Schulfreund wieder, und ich eröffnete das Gespräch, indem ich ihm sagte, wie wenig er sich verändert habe; aber insgeheim war ich doch erschrocken über den matten Glanz seiner blassen Augen und über den zynischen Zug um seinen Mund: diese Züge waren neu an dem alten Schulfreund, und als wir eine Stunde später in jenem amerikanischen Café am Winterhuder Marktplatz saßen, sollte ich auch erfahren, woher sie stammten. Der Schulfreund, welcher in den stockenden und mühsamen Gesprächen der vergangenen Stunde einen freudlosen Eindruck auf mich gemacht hatte, brach plötzlich vor meinen Augen, und noch bevor er das erste Mal in jenen prächtigen Croque Monsieur gebissen hatte, den ich ihm, der kein Geld bei sich gehabt hatte, bestellt hatte, in bittere Tränen aus. Als er seine Fassung wiedergewonnen hatte, gestand er mir, er habe die letzten drei Jahre seines Lebens in Bonn zugebracht, und zwar habe er dort eine Anstellung in der berühmten Villa Hammerschmidt gefunden. Anfangs sei er auch sehr erfreut gewesen über seine neue Arbeit, geradezu stolz sei er gewesen; doch dann habe diese Entwicklung eingesetzt, welche aus jenen drei Jahren die schrecklichsten Jahre seines Lebens machen sollte. Nie zuvor habe er, und auch in seinen kühnsten Alpträumen nicht, Zustände erahnen können, wie sie während seiner Arbeit drei Jahre lang an der Tagesordnung gewesen seien. Worte reichten nicht aus, so erklärte der Schulfreund, um das grenzenlose Grauen zu beschreiben, welches ihn während seiner drei Bonner Jahre um Jahrzehnte habe altern lassen. Nie wieder werde er auch nur einen Fuß in jene unglückselige Stadt setzen, lieber friste er den traurigen Rest seiner Existenz unter den Brücken anderer Städte, als daß er jemals zurückkehre in jene trostlose Hauptstadt dieses Landes, von der er sich die besten Jahre seines Lebens habe restlos verderben lassen.

1979

Interieur

Aah! macht die ganze Runde, wenn Heike den Teewagen durch die Türfüllung schiebt, und wirklich gehört das Erscheinen des geräderten Freundes in der Türfüllung zu den angenehmsten Augenblicken innerhalb der Wohnung. Während nun Heike vorsichtig mit dem zierlichen Gefährt auf uns zusteuert, haben wir alle längst erkannt, was uns erwartet: Erdbeerkuchen zum Beispiel oder Nudelsalat, je nach Tageszeit, je nach Jahreszeit.

Kurz vor den Fransen hält Heike vorsichtig an und fragt Heinz, ob er den Teewagen sorgfältig anheben könne, über die Fransen hinweg auf den Teppich, denn die Runde sitzt um den runden Tisch, mitten auf dem Berberteppich.

Heinz springt sofort auf. Auch er erinnert sich daran, wie Heike vor Jahren einmal achtlos in die Fransen gefahren ist, wobei der Teewagen ruckartig zum Stillstand gekommen und die Kaffeekanne vom Stövchen gerutscht und auf den Teppich gestürzt war.

Heinz hat nun das Kommando übernommen und steuert den Teewagen die letzten zwei, drei Meter zielsicher bis zum Tisch.

Nicht daß wieder die Kaffeekanne hinunterstürzt, sagt Heike und räumt das Geschirr, die Kekse, die Kaffeekanne, das Stövchen, die Untersetzer, Servietten und so weiter vom Teewagen auf den Tisch, die Likörflasche aber wartet im unteren Geschoß des Vehikels auf ihren späteren Einsatz. Dann erzählt Harald die Geschichte, warum er immer Pferdedeckchen sagt, wenn von seinem Poncho die Rede ist. Harald war vor fünf Jahren nach Ostberlin gereist, um auf dem Alexanderplatz an einer grandiosen Solidaritätskundgebung mit den Verfolgten in Chile teilzunehmen, wobei Harald naturgemäß in seinem original chilenischen Poncho angereist war. Mit eben diesem Poncho aber erregte er in

Ostberlin, wenngleich im Rahmen der Chile-Kundgebung, höchstes Aufsehen, und noch auf dem Weg zum Bahnhof Friedrichstraße habe er aus einem dunklen Torweg den Gesprächsfetzen eines Kindes aufschnappen können, in welchem sein Poncho als Pferdedeckchen bezeichnet wurde. Die ganze Runde lacht, und nun hat jeder begriffen, warum und seit wann Harald seinen Poncho immer Pferdedeckchen nennt.

Auch Ulrich weiß eine amüsante Geschichte zu erzählen, die er vormittags im Supermarkt erlebt hat, nachdem eine Hausfrau ihm versehentlich eine Packung Damenbinden in seinen Einkaufswagen gelegt hatte.

Nun ist es höchste Zeit für die Likörflasche, und während ein jeder sowohl Heiteres als auch Besinnliches aus seinem Privatleben berichtet, wenden wir uns wieder dem Teewagen zu, der einsam und vergessen, mit schmutzigem Geschirr beladen, neben der lärmenden Runde steht. Dabei kann er von Glück sagen: in anderen Wohnungen nämlich ist der Teewagen bereits ganz aus dem Verkehr gezogen, bei Margot und Karl-Heinz zum Beispiel dient er lediglich noch als Blumenständer. Oder Erich Gebhart, der es eines Tages satt hatte, die Räder seines Teewagens zu ölen, wissen wir doch alle, wie verhängnisvoll gerade das Klemmen eines Teewagenrädchens sein kann. Erich also griff eines Tages zum Schlagbohrer, und keine vier Stunden später hatte er eine prachtvolle Durchreiche geschaffen, der Teewagen aber wanderte auf den Sperrmüll. Oder Stella, die auf dem nutzlos gewordenen Teewagen wenigstens noch Puzzles gelegt hatte, immer kompliziertere, immer größere, bis der Teewagen dafür zu klein geworden war und einfach verheizt wurde. Seitdem werden die Puzzles auf dem Eßtisch gelegt, sagt Stella, vor allem die langen Winterabende wird gepuzzlet, immer am Eßtisch, während der Mahlzeiten wird einfach ein Wachstuchdecke über das unvollendete Puzzle geworfen, und nach dem Essen geht es weiter, sagt Stella.

Die fertigen Puzzles aber werden hinter Glas gerahmt und auf dem Dachboden gelagert.

1980

Neue Hinweise:
Im Westeuropa Dämmerlicht 1981

Das Problem des Naturkontaktes

Wenngleich wir alle viel lieber aktuelle Fragen zu diskutieren pflegen, so sehen wir uns doch immer wieder unvermittelt vor das alte Problem des Naturkontaktes gestellt. Nicht erst seit dem endgültigen Auslaufen der letzten Dekadenzperiode 1979 ist uns immer wieder und immer brennender die Frage nach der Natur vor Augen getreten, deren erste Anzeichen uns bereits vor vier Jahren der periodisch auftretende Hang zur naturburschenhaften bis soldatenartigen Kleidung gewesen sind. Von dort an war es kein weiter Weg mehr bis zu der Erkenntnis unserer Fähigkeit zu einem weitaus innigeren Naturkontakt, als ihn der langhaarige Naturschwärmer zu erreichen imstande war. Die Natur will nicht geliebt werden: das weißt auch du schon lange.

Unsere Hochhäuser

Desgleichen stellen uns unsere Hochhäuser, in die wir alle mit gleicher Begeisterung nach teilweise langen Wartezeiten in trüben Altbauwohnungen eingezogen sind, vor immer neue und immer brennende Fragen. Gern denken wir an jene lauen Sommerabende, an denen wir in unserem 13. Stockwerk auf dem Balkon gesessen sind und unsere Blicke bis an den grünen Stadtrand schweifen ließen. Immer haben wir die Hochhäuser schön gefunden; nur die in der Form unklaren und also verspielten Hochhäuser haben wir abgelehnt. Von den Architekten jedoch hören wir immer wieder auch Nachteiliges über die Hochhäuser, und vor allem hören wir Nachteiliges über das Wohnen in den oberen Stockwerken, in denen, so hören wir von den Architekten, wenngleich auch nur von einigen, der Mensch den Naturkontakt zunehmends verliert. So sehen wir uns als Moderne Menschen vor die Frage gestellt, ob wir uns, die wir die Moderne Welt grenzenlos bejahende Humanisten sind, erneut dem Ideal der attraktiven und nüchternen, im Höchstfall fünfstöckigen Nachkriegsbauten, in denen wir unsere gesunde Kindheit verlebten, zuwenden sollen, ohne allerdings hinterrücks den Gefahren der Nostalgie zu erliegen. Andererseits aber wissen wir: Auch 1984 ist Nostalgie. Und von anderen Architekten wieder hören wir sehr viel Vorteilhaftes über unsere Hochhäuser. Und morgen wollen wir sie vielleicht gar nicht mehr haben: Von Tag zu Tag mußt du neu entscheiden.

Das Kybernetische Verhaltensprinzip

Die Lösung kann immer nur das Kybernetische Verhaltensprinzip sein. Die Grundmaxime unseres Verhaltens zur Welt ist immer das Kybernetische Verhaltensprinzip gewesen. Gleich nach unserer Absage an das Prinzipiendenken und an jede Form von Dogmatismus haben wir uns sofort dem Kybernetischen Verhaltensprinzip zugewendet. Mit Hilfe des Kybernetischen Verhaltensprinzips haben wir immer alle noch so brennenden Fragestellungen gelöst. Bis heute haben wir das Kybernetische Verhaltensprinzip mehr und mehr schätzen gelernt, so daß wir uns nicht mehr vorstellen können, wie wir dachten, bevor wir uns vor Jahren erstmalig des Kybernetischen Verhaltenprinzips bedienten und also das Kybernetische Verhaltensprinzip zu unserem Verhaltensprinzip machten, wie überhaupt sich viele Zeitgenossen, von Brian Eno bis Ulrike Meinhof und Arno Wallmann, des Kybernetischen Verhaltensprinzips bedient haben. Arno Wallmann war übrigens der erste von uns, der sich von Kopf bis Fuß in die hübsche Gudrun Ensslin verknallt hatte.

Entideologisierung durch Kybernetik

Indem wir uns des Kybernetischen Verhaltensprinzips bedienen, tragen wir gleichzeitig zur Entideologisierung und objektivierten Analyse der Modernen Welt bei. Nachdem wir schon vor Jahren in der Modernen Gesellschaft keine Täter mehr ausmachen konnten, wenden wir uns nun mit Erfolg und mittels der Regelkreismethode dem Charakter der Mechanismen zu. Jede Erkenntnis, die wir auf diese Weise gewinnen, ist uns zugleich Handlungsanweisung. Und so sind wir also selbst die immer Neue lebendige Analyse unserer Zeit: Du bist für die Zukunft bereit, denn du bist im Rhythmus der Zeit.

Das Ja zur Modernen Welt als Prinzip der permanenten Revolte

Wenngleich es grundsätzlich einerlei ist, ob man Ja oder Nein zur Modernen Welt sagt, so haben wir uns doch vor vier Jahren unter kybernetischen Gesichtspunkten und aus dem Prinzip der Permanenten Revolte für das eindeutige Ja zur Modernen Welt entschieden, und so werden wir immer alles daransetzen, Ja zur Modernen Welt zu sagen und also wach zu bleiben, während der Nein-Sager (egal ob Natur- oder Maschinen-Romantiker) immer nur Nein zur Modernen Welt sagt und immer blinder wird gegen diese Welt und also sein Nein zur bloßen Farce entartet. Was die Moderne Welt selbst betrifft, so gleicht sie in ihrer liberalen Selbstzweifelei viel eher dem Typ des schwächlichen Nein-Sagers und würde sich selbst nie derart bejahen, wie wir sie bejahen. Wenngleich sich die Moderne Welt, wie wir ja alle wissen, hoffnungslos in ihrer eigenen Dummheit verfangen hat und sich also selbst verneint, so sagen wir noch in ihrer ganzen Verfangenheit Ja zur Modernen Welt.

Durch unser grenzenloses Ja-Sagen haben wir auch den Ab-
grund kennengelernt und nach manchen Jahren des Abfalls
wieder eine Ahnung vom Antlitz Gottes bekommen, wie wir
überhaupt nie verleugnet haben, im Grunde unserer Herzen
lustige Christen zu sein.

Absage an Toleranz und Liberalität

Wenngleich die sogenannte Hippie-Generation seit über
zehn Jahren bereits am Absterben ist, so hat sich doch deren Gedankengut noch in seinem Todeskampf in einige
Bereiche der sogenannten Neuen Welle hinüberretten können, um dort in neuem Gewand und alter Borniertheit
Auferstehung zu feiern. Als Verkörperung des rückwärtsge-
wandten und unklaren Denkens schlechthin bleibt auch
diese neue Hippie-Generation unser erklärter Gegner. Wir
haben den Hippie als überzeitlichen Typ für das naive Ver-
sagen in der Welt erkannt: bereits im 18. Jahrhundert lärm-
ten die Hippies gegen die Aufklärung an. Der Hippie gehört
nach eigenen Angaben und auch nach unserer Beobachtung
der Modernen Welt in keiner Weise an. Betrachtet der Hippie die Moderne Welt, so sinkt er in tiefe Weinerlichkeit und
verfällt in sentimentale Sozialkritik. In seiner schwärmerischen Veranlagung ist der Hippie immer auf der Suche nach
Gemütlichkeit und Nostalgie. Die Befriedigung seiner Sehn-
süchte sucht der Hippie ausgerechnet in der sogenannten
Natur, oder aber auch in der Maschine. Da der Hippie das
Leben nicht erträgt, ist er ständig gezwungen, das was er
bejaht zu mystifizieren oder zu mythologisieren. Auch der
neue Hippie-Typ, welcher stolz darauf ist, in Plastik und
nicht mehr in Jute umherzulaufen, unterscheidet sich in all
dem nicht von seinem Vorgänger. Da er das Risiko scheut,
erkrankt er alle zwei Wochen an Melancholie. Der größte

Fehler des Hippies, welcher den Kampf nur aus mangelnder Affektbeherrschung kennt, liegt jedoch in seinem Hang zu Toleranz und Liberalität: hier finden wir auch die Ursache für den schwärmerischen Eskapismus und all das neukonservative bis reaktionäre Gedankengut der Naturschwärmer, welches wir oft unter dem Begriff Neue Prüderie zusammenfassen.

Der Abräumer als Prototyp der korrekt angewandten Affektbeherrschung

Gern erinnern wir uns alle an jenen Brief unseres Freundes Freddie Pfleger, in dem er erstmals erklärte: Anstatt immer nur verständnisvoll zu sein und allen Hindernissen aus dem Weg zu gehen, wollen wir für uns radikalere Denk- und also Handelsweisen finden! Wie lange wollen wir den Schwärmern noch zusehen! Wann endlich werden wir klaren Tisch machen! – Seit dem Empfang dieses Briefes haben wir unseren Freund Freddie Pfleger immer nur den Abräumer genannt. Wir wollen nicht vergessen, daß es Freddie Pfleger war, der uns schon vor vielen Jahren auf die Idee einer zu entwickelnden Strategie des Abräumens gebracht hat. Wir haben gesehen, daß der Hippie unter mangelnder Affektbeherrschung und, viel schlimmer noch, unter dem zunehmenden Verlust seiner Affekte überhaupt leidet. Der Typ des Abräumers dagegen besitzt eine strotzende Fülle von Affekten, hat diese jedoch völlig in seinem Griff. Das Einsetzen seiner starken Affekte macht der Abräumer ganz nach dem Kybernetischen Verhaltensprinzip von der jeweiligen Situation abhängig.

Heute Disco – morgen Umsturz – übermorgen Landpartie

Nur die dümmsten und also die meisten unserer Generationsgenossen machen uns immer wieder den Vorwurf, Kommunisten oder Faschisten zu sein. Während diese dümmsten und dennoch bemerkenswerten Generationsgenossen ihr endgültiges Weltbild schnell erreicht haben, überprüfen wir Kybernetiker unsere Denk- und Handelsweisen durch ihre Anwendbarkeit auf die Moderne Welt, welche ja ihrerseits in permanentem Wandel ist; und so müssen wir unsere Wachsamkeit in Spiel und Revolte der ständig veränderten Situation anpassen: Heute Disco, morgen Umsturz, übermorgen Landpartie. Dies nennen wir Freiwillige Selbstkontrolle.

Stürmer des Neuen Kontinents – ein Kurs für Fortgeschrittene

Das Denken des Abräumers ist naturgemäß das klarste und rigoroseste. Das Auftreten des Abräumers bedeutet das Ende der viel zuvielen Jahre, welche unter dem Zeichen des Schauspielers und also des schwärmerisch-unklaren Gefühls gestanden haben. Unsere Geringschätzung des Theaters hat nunmehr den Nullpunkt erreicht. Das Theater steht immer noch im Zeichen des 19. Jahrhunderts, wie überhaupt das 19. Jahrhundert immer noch weite Teile unserer Kultur beherrscht, denken wir nur an die grauenhaften Werke des sogenannten Surrealismus. Als monströses Kuriositätenkabinett gehört das 19. Jahrhundert nun endgültig auf den Schrottplatz der Geschichte. Wieder einmal liegt eine Zeit der Dekadenz ganz deutlich abgeschlossen hinter uns, und wieder einmal rufen wir nun die starken jungen Menschen. Es gilt in diesem Fall, gerade die Sensibelsten Westeuropas für die Revolte zu gewinnen: Die Schwierigkeit ist, von den Sensibelsten das Härteste zu fordern. Waren wir noch vor drei Jahren, als wir die Neuen Horizonte bereits dämmern sahen, halbwegs zufrieden mit Helden der Melancholie und Reitern der Sehnsucht, so brauchen wir jetzt wieder Helden der Tat, Spieler mit Kraft, Stürmer des Neuen Kontinents, an dessen Gestade wir soeben nach langer Reise angelandet sind.

Ende okay – alles okay

Eben stürmt unser Arno Wallmann in das Büro und ruft:
Neue Manifeste – neue Freunde! Und hoffentlich eine Handvoll neuer Feinde! Denn unser aller Untergang wäre die Verbrüderung! Niemals die Verbrüderung! Niemals die Verbrüderung –
Und lange schallt's im Büro noch: Arno Wallmann lebe hoch!

1981

Der Idiot als Vorbild:
Heitere Aufbruchstimmung in Oberhausen

Nicht nur in Oberhausen, sondern in der ganzen BRD sto-
ßen wir seit einiger Zeit immer wieder auf Fälle sowohl
individuellen als auch kollektiven Verhaltens, in denen eindeutig der Typus des Idioten als Vorbild in Fragen der
Erscheinung und des Handelns herangezogen wurde. Als ty-
pisches Ergebnis dieser neuen Ausrichtung nach dem Idiotischen erkennen wir am Beispiel der westdeutschen Stadt
Oberhausen jene allgemeine und heitere Aufbruchstimmung, von welcher die Stadt seit einigen Wochen schon
beherrscht wird. Überall auf den Straßen begegnen wir dem
Typ des aufgeweckten Idioten. Betreten wir in Oberhausen
ein Gastlokal, so werden wir garantiert von freundlichen
und idiotischen Kellnern bedient. Und doch wissen wir in
jedem Augenblick, daß es sich hier lediglich um eine neue
westliche Modeströmung handelt: Der Idiot als Ideal.
Woran erkennen wir nun den neuen Mode-Idioten? Wir erkennen ihn an seiner auf Abwegen der Mode geschneiderten
Jersey- beziehungsweise Trevira-Hose, an seinem syntheti-
schen braun-weiß-orange gerippten Rollkragen-Pullover,
den braunen Schnür-Schuhen und den auf DDR-Länge getragenen Koteletten. Der Gesichtsausdruck des neuen
Mode-Idioten strahlt naturgemäß jene heitere Aufbruchstimmung aus, während der wahre Idiot in seiner geschlos-
senen Verwahrung einen eher pessimistischen und also einer
heiteren Aufbruchstimmung gerade entgegengesetzten Gesichtsausdruck trägt.

1981

Holz und Vorurteil

Es ist rundherum zwecklos, nörgelt Arno Wallmann und deutet auf sein Zitronenbäumchen, eine tatsächlich erbärmliche Pflanze, die unser Freund Ende der siebziger Jahre von seinen Reihenhausnachbarn zum Einzug geschenkt bekommen hatte und bei deren Anblick auch uns sofort eine bleierne Unlust an allem Botanischen befällt, es ist rundherum zwecklos, weiterhin mit ihm zusammenzuarbeiten.

Die zunehmende Weigerung des Bäumchens, im Frühling eines jeden Jahres neue Blättchen zu treiben, hatte schließlich, und dies eben bedarf der Erläuterung, zu einem nicht unbeträchtlichen Haß zwischen Arno Wallmann und seinen Reihenhausnachbarn geführt.

Bereits ein Jahr nach dem Einzug in das Reihenhaus seiner Großmutter mütterlicherseits, die ja schon, wir erinnern uns, zwei Jahre zuvor verstorben war, das Haus hatte also gewissermaßen, den Krankenhausaufenthalt der Großmutter im terminalen Stadium nicht eingerechnet, zwei Jahre leergestanden, bevor Arno schließlich, erst widerwillig, dann freiwillig in das dreistöckige, aber jeweils nur ein Zimmer breite Anwesen eingezogen ist, also bereits 1979 hatten die ansonsten als recht friedliebend bekannten Nachbarn Arno Wallmann, der, wie wir wissen, Zitronen ohnehin lediglich in stark gesüßtem Zustand verträgt, darauf aufmerksam gemacht, daß das Bäumchen nicht allzu viele Blätter geschweige denn Früchte trüge und also ein Umpflanzen des Sträuchleins von dem schattigen Vorgarten in den sonnigen Hintergarten wohl das Ratsamste sei.

Zur Vermeidung einer meist ungut ausgehenden Nachbarschaftsstreitigkeit hatte Arno der so sanften wie bestimmten Anweisung seiner naturliebenden Reihenhausnachbarn bereits am nächsten Wochenende Folge geleistet, das Zitronenbäumchen aber, welches Arno Wallmann schon bald nur noch das Ding nannte, hat im folgenden Frühjahr noch weniger Laub gebildet als im Vorjahr.

Die Naturliebe der Nachbarn, die erst kürzlich im Rahmen einer ästhetisch-ökologischen Aktion ihre flaschengrün gebeizte, also hölzerne Haustür gegen eine in eine rustikale Form gegossene Polyestertür ausgewechselt hatten, die außerordentliche Naturliebe der Nachbarn, die sich überhaupt durch ausschließliche Verwendung von reinen Kunstfasern sowohl in der Einrichtung als auch in der Kleidung ausdrückte, während es in ihrem Garten von Unkraut und Ungeziefern nur so wimmelte, sagt Arno Wallmann, die semireligiöse Naturverehrung seiner Reihenhausnachbarn wurde durch die zunehmende Erbärmlichkeit ihres botanischen Einzugsgeschenkes auf das Äußerste herausgefordert.

Auf einer anthroposophischen Kunstausstellung, welche alljährlich um diese Zeit im nahegelegenen Kindergarten abgehalten wurde, machten die Nachbarn schließlich ihrer, wenngleich nachbarschaftlichen, so doch ohnmächtigen Trauer über das in Arno Wallmanns Zitronenbäumchen stigmatisierte Sterben der Natur Luft, indem sie sämtliche hölzernen Skulpturen per Faserschreiber mit einer Sentenz versahen, welche die anthroposophische Gemeinde in eine Art aggressive Nachdenklichkeit versetzte: Ich wäre auch lieber ein Baum geblieben.

Während sie auf dieses, aus materialbewußt-anthroposophischer Sicht, nieder anmutende Kunst-Attentat hin von einem gefaßten Eurhythmiker nach dem Motiv für ihr spielverderberisches Handeln befragt wurden, brachen die übrigens kinderlosen Reihenhausnachbarn, zuerst sie, dann er, in bittere Tränen aus und berichteten dem so erstaunten wie verständnisvollen Kreis von dem Zitronenbäumchen und all dem mit dessen Kümmerlichkeit verbundenen Ärger.

Obwohl die kunststoffbezogene Naturliebe der Nachbarn Arno Wallmanns zu der naturstoffbezogenen Kunstliebe der Anthroposophen geradezu im reinsten Widerspruch stand, war man sich in einer grundlegenden Aversion gegen die weder natur- noch kunststoffbezogene Gleichgültigkeit Arno Wallmanns schnell einig.

Es sind die bösen Gedanken, kam es plötzlich aus der Runde, es sind die bösen Gedanken Arno Wallmanns, welche das Wachstum und die Lebenslust des wehrlosen Sträuchleins hemmen.

Auch als das Reihenhaus der Nachbarn mitsamt seiner im Rauch so schädlichen Kunststoffeinrichtung keine drei Wochen später in Flammen aufging, führte man das auf Arno Wallmanns böse Gedanken zurück.

Die Kriminalpolizei kannte jedoch keinen Paragraphen über böse Gedanken und hatte die Nachbarn bereits nach vier Tagen der mutwilligen Brandstiftung überführt.

Seitdem steht das Nachbarhaus leer, sagt Arno Wallmann heute, und ich sehe keine weitere Veranlassung, mit dem unzuverlässigen Gewächs zusammenzuarbeiten.

Gesagt – getan, und schon hat Arno das Zitronenbäumchen an seinem dünnen Stengel gepackt, es aus dem satten Humusboden gerissen und über den Zaun in Nachbars verkohlten Garten geworfen.

Die Natur will nicht geliebt werden, sagt Arno Wallmann, schlurft müde über die Terrasse ins Wohnzimmer und schaltet den Heizlüfter ein.

1982

Unser Wienerwald

Die besten Hähnchen bekommt man noch immer im Wienerwald, sagt Ilse Banzer aus Darmstadt. Und wirklich, auch wir haben im Wienerwald immer nur die besten Hähnchen vorgesetzt bekommen. Wolfgang Schmid, den wir noch aus Hamburg kennen, meint, daß man auch im Ausland auf Nummer Sicher nur in ein Wienerwald-Restaurant gehen sollte. Auf seiner Amerikareise habe er sich immer wieder durch seine zahlreichen Besuche in Wienerwald-Restaurants aus den tiefsten Reisedepressionen herausmanövrieren können. Eine Reise durch Amerika, so Wolfgang Schmid, sei immer auch eine Reise durch die tiefsten Depressionen, verlassen wir das Flugzeug auf dem Kennedy-Flughafen, befinden wir uns schon mitten im Elend, sagt Wolfgang Schmid, stehen wir zwei Wochen später auf der Golden-Gate-Brücke, wollen wir uns am liebsten in die Tiefe stürzen, der Karneval in New Orleans ist nichts als eine endlose Tunnelfahrt, die Maisfelder in Kansas ein Grauen, Disneyland eine herbe Enttäuschung, der Grand Canyon ein Riesenschwindel, und von den weltberühmten Niagara-Fällen hatte der Amerikanistikstudent Wolfgang Schmid den Eindruck eines gigantischen Wasserrohrbruchs: Nachts träumte er, dieser Wasserrohrbruch möge doch bitte die ganzen USA einfach wegspülen. Allein die auch in Amerika so zahlreich verstreuten Wienerwald-Filialen haben unseren Bekannten Wolfgang Schmid immer wieder, wie man so sagt, etwas aufgemöbelt. Wolfgang Schmid, welcher nach eigenen Angaben noch vor zwei Jahren ein reiner McDonald's-Geher war, hat sich spätestens auf seiner diesjährigen Amerikareise zum reinen Wienerwald-Geher entwickelt. Gleich nach seiner Ankunft in den USA habe er sein Amerikabild, welches naturgemäß ein reines McDonald's-Amerikabild gewesen sei, deshalb sei er ja schließlich hingereist, vollkommen umstürzen und durch ein Wienerwald-Amerikabild ersetzen müssen. Wenngleich er früher immer gedacht hatte, Amerika sei ein McDonald's-Amerika, so habe er gleich in New York City bereits feststellen müssen, daß Amerika ein reines Wienerwald-Amerika ist. Ohne den Wienerwald wäre ich in Amerika garantiert unter die Räder gekommen, so Wolfgang Schmid.

Betreten wir ein Wienerwald-Restaurant, egal ob in Boston oder Ludwigshafen, umfängt uns sofort die immer gleiche vertraute Atmosphäre. Zuerst prüfen wir den Dirndlstoff der Kellnerin, dann schenken wir unsere Aufmerksamkeit sogleich der Speisekarte, die wir naturgemäß alle längst komplett im Kopf haben. Nur aus Höflichkeit schauen wir dennoch kurz hinein, wenngleich wir doch alle längst wissen, was wir wollen: Backhähnchen und bayrisches Bier. Über Geschmack läßt sich, wie man so sagt, streiten. Die Einrichtung eines Wienerwald ist jedoch von solch einer zurückhaltenden und neutralen Volkstümlichkeit, daß wir von Anfang an ganz verknallt in die Wienerwald-Einrichtung waren. Während wir auf unsere Backhähnchen warten, und Backhähnchen dauern, wie wir alle wissen, etwas länger, denn sie sind immer frisch, nehmen wir uns aus dem lustigen Tisch-Verkaufs-Ständer Salzstangen und Schokolade. Wie oft schon sind wir abends noch mal ganz schnell eben zum Wienerwald runtergegangen und haben am Tisch-Verkaufs-Ständer einige Leckereien für den Fernsehabend gekauft, ganz zu schweigen von der sympathischen Idee des Wienerwald-Straßenverkaufs.

Sind die Hähnchen erst serviert, wird die Runde schlagartig schweigsam, sind die Knochen abgenagt, werden die Hände mit dem beigelegten Erfrischungstuch gereinigt.

Nach einer guten Mahlzeit ist man immer ein zufriedener Mensch.

1982

Wirklich zu dumm

Eine gute Woche schon befanden sich Kurt Holz und Ewald Priebe nun auf einer sogenannten Wahlkampfreise, und wenngleich die Spannungen zwischen dem Kandidaten Holz und seinem persönlichen Referenten Priebe bereits nach drei Tagen nahezu unerträglich geworden waren, hatte man sich den Wählern jedoch sieben Tage lang als ein Herz und eine Seele präsentieren können.

Darauf kommt es ja an, sagt Kurt Holz, wenngleich Priebe lediglich mein persönlicher Referent ist, müssen wir uns doch dem Wähler gegenüber immer als ein Herz und eine Seele präsentieren. Dabei habe ich Priebe von Anfang an nicht leiden können, fährt Holz fort, er ist wie ein randvoller Kaffeebecher, wenn der Vergleich erlaubt ist, man läuft mit ihm durch die Gegend, und er droht jeden Moment überzuschwappen, auf gut deutsch, wenn Priebe das Maul aufmacht, kommt nur Bockmist heraus.

Zum offenen Streit zwischen den beiden Männern und also zum Abbruch der Wahlkampfreise ist es gestern in einer Kleinstadt im Sauerland gekommen. Es ging ja schon los im Grünen Baum, sagt Kurt Holz, als Priebe mich absichtlich so spät geweckt hat, daß wir im Frühstücksraum kein Frühstück mehr bekamen, und während wir uns sonst im Auto auf dem Weg zum Vortragssaal immer auf die örtlichen Politika vorbereiteten, machte mich Priebe diesmal ganz wild mit seinen diffusen Ansichten über begrenzte Atomkriegführung, so daß ich schließlich vor der versammelten Gemeinde am Rednerpult stand und nicht wußte, ob ich meine Rede auf das neue Klärwerk oder die Umgehungsstraße zuschneiden sollte, sagt Kurt Holz, Priebe aber, die Themenliste in seinem Jackett, hat mich absichtlich hängenlassen.

Allein meiner akademischen Bildung habe ich es zu verdanken, so Kandidat Holz weiter, daß ich die ganze Rede bis zu

Ende halten konnte, ohne konkret auf ein Klärwerk oder eine Umgehungsstraße einzugehen, ja, ich habe die Rede dermaßen konstruiert, daß sie eine Gültigkeit sowohl für ein Klärwerk als auch für eine Umgehungsstraße besitzt, soweit Kurt Holz nicht ohne Stolz.

Auch als er im Anschluß an seine Rede von dem ortsansässigen Parteifreund Roland Elz beiläufig erfuhr, daß es sich bei dem umstrittenen Politikum im Ort um die Verbreiterung der Radwege in der Ortsmitte handelte, warf das die Logik von Kurt Holzens eben gehaltener Rede in keiner Weise um.

Als Ewald Priebe aber beim anschließenden Stehempfang im Rathaus seinen Vorgesetzten Kurt Holz beiseite nahm und ihm hämisch, so Holz, zu verstehen gab, daß dieser die ganze Rede mit offenem Taubenschlag, also Hosenschlitz, so Holz, gehalten hatte, war der Bruch zwischen den beiden Männern besiegelt und also die Wahlkampfreise gescheitert.

Wirklich zu dumm, wie wir meinen, und unser Vertrauen in die Politik ist wieder ein bißchen kleiner geworden.

1982

Schade um den Abend

Wie wir hörten, hatte Arno Wallmann sein tragbares Fernsehgerät jüngst aus dem Keller wieder in seine Wohnung hochgetragen und sich somit freiwillig erneut in das große Heer der begeisterten Fernsehzuschauer des Landes eingereiht, zu dem auch wir uns nicht ohne Stolz bekennen. So lange wir zurückdenken können, haben wir immer wieder unvergeßliche Stunden vor dem Fernsehapparat verbracht. Nicht nur die Kubakrise haben wir, die wir damals Kinder waren, bereits live, so der Fachjargon, auf dem Bildschirm verfolgt, sondern auch die erste transparente Bluse, in Wünsch Dir Was, wie wir uns erinnern, eine herrliche Sendung, weniger gern erinnern wir uns an die Bilder von ausgebrannten Hubschraubern auf dem Flughafen von Fürstenfeldbruck 1972, solche Bilder haben wir eigentlich nie sehen wollen, aber immer wieder hat uns das Fernsehen solche Bilder vorgesetzt: Selbstverbrennungen indischer Mönche, Giftmüll, Mogadischu, und immer wieder Krieg. Die Menschheit wird und wird nicht klüger, sagen wir. Andere beschweren sich über Tierversuche, auch kritisiert man viel herum am Werbefernsehen, zu Unrecht, wie wir meinen, denn wir sind, Hand aufs Herz, nur selten enttäuscht worden von den Produkten, die wir auf Anraten des Werbefernsehens hin gekauft haben.

Von Werner Höfer haben wir vergleichsweise nie viel gehalten, wenngleich er ein richtiger TV-Knaller ist und nicht mehr wegzudenken aus dem sogenannten Deutschen Sonntag, haben wir in ihm immer nur den öligen, selbstgefälligen Schwätzer gesehen. Wohingegen Hans Rosenthal sich unter anderem in Dalli Dalli, ebenfalls ein TV-Knaller, wenngleich vergleichsweise einfach im Gemüt, so doch als sympathischer Jude präsentiert. Robert Lembke würden wir am liebsten seine Sparschweinchen um die Ohren hauen, Wim

Thoelke gefällt uns in seiner Trockenheit, und als alte Darwinisten sind wir auch EWG nicht ganz abgeneigt. In unserem glühenden Anti-Amerikanismus gestört fühlten wir uns anfangs durch Dallas, dann aber wurden wir begeisterte Dallas-Seher und haben auf diese Weise auch Amerika wieder liebgewonnen.

Das Beste aber, das uns das bundesdeutsche Fernsehen heute zu bieten hat, ist, wie wir meinen, nach wie vor die brillante Unterhaltungsshow Wetten daß, womit wir wieder bei Arno Wallmann wären.

Um seiner zunehmenden Fernsehsucht, so Arno Wallmann wörtlich, zu entfliehen, hat unser Freund einen Tag vor Beginn der Fußballweltmeisterschaft, im folgenden kurz Fußball-WM genannt, denn wir schreiben das Jahr 1982, sein tragbares Fernsehgerät in den Keller hinuntergetragen, um dann doch fast alle Spiele der Fußball-WM, und da haben wir unseren Freund aber ausgelacht, bei Bekannten und einmal sogar im Schaufenster eines Fernsehfachgeschäftes in der Fußgängerzone auf dem Bildschirm zu verfolgen.

Wochenlang haben wir daraufhin auf Arno Wallmann eingeredet, er solle sein Fernsehgerät doch wieder herauftragen und anschließen, das heißt in Betrieb nehmen, gestern hat er es endlich getan und sich auf unseren dringenden Rat hin als erstes Wetten daß angeschaut.

Mit ausführlichen Schilderungen vorausgegangener Wetten-daß-Sendungen hatten wir unserem Freund den Mund wäßrig machen können, wie man sagt, denn Arno Wallmann hatte Wetten daß wegen eines regelmäßigen Hobby-Magazins auf der Bildungsschiene des Dritten Programms, deren Adept er vor der Fußball-WM gewesen war, noch nie gesehen, das heißt noch nie sehen können.

Und wer hatte ahnen können, daß unser Favorit Wetten daß gerade gestern so außerordentlich verunglücken sollte und sich somit als alles andere als geeignet erwies, unseren Arno

Wallmann wieder zum begeisterten Fernsehzuschauer zu machen.

Pünktlich um zwanzig Uhr fünfzehn ging's los, wie immer, diesmal aus der Ortenauhalle Offenburg, und die Auswahl der prominenten Wettkandidaten fanden wir diesmal sehr gelungen: Die Sportlerin Ulrike Meyfarth, außerordentlich sympathisch, wurde von Frank Elstner, dem Chef der Sendung, wie wir wissen, und das ist seine Spezialität, sehr geschickt mit schlüpfrigen Bemerkungen verlegen gemacht, Bundestagspräsident Richard Stücklen, ein gutmütiger Kerl und, wie wir glauben, jovialer Kenner fränkischer Weine, winkte seinen Enkelkindern direkt durch die Kamera zu, Reinhold Messner erwies sich als Extremist weniger des Kopfes als der Beine, und von seiner neuesten Idee: ein Mann, eine Frau und ein Achttausender, so Messner wörtlich, fühlte sich Nastassja Kinski, die sich intellektuell als Pendant des Bergsteigers erwies, außerordentlich angesprochen, und die Saalkandidatin Frieda, eine gemütliche Seniorin, wurde sogar Wettkönigin des Abends, weil ihr Heimatort Offenbach es nicht fertigbrachte, dreißig italienische Pizzabäcker auf die Bühne der Ortenauhalle zu bringen, ein Armutszeugnis, wie wir meinen, denn Pizzerien, und zwar italienische, gibt es von Flensburg bis Rosenheim wie Sand am Meer. Und damit sind wir beim ersten Schwachpunkt der gestrigen Sendung angelangt: den Wetten.

Der Türke Ali wurde beim Jonglieren der sechsundzwanzig Tennisbälle von Frank Elstner beim neunzehnten Tennisball durch dessen Bemerkung: Neunzehn derart aus dem Konzept gebracht, daß dem armen Kerl sofort alle neunzehn Tennisbälle aus der Hand fielen, was Elstner auch durch ein plumpes Almosen für die angeblich fünf Kinder Alis nicht wiedergutmachen konnte.

Die zweite Wette, die mit den elftausendeinhundertundelf Zündhölzern, war dagegen eine Farce, das anschließende Vogelstimmenraten ein Betrug, da es sich hier, ganz im Gegensatz zu Schiedsrichter Heinz Sielmanns Aussage, vielmehr um ein Erraten von Vogelgesängen und also nicht Vogelstimmen handelte, ein Kinderspiel, bei dem sich jeder auch nur halbwegs ornithologisch Bewanderte um einiges geschickter gezeigt hätte als jener zwar sympathische, aber offenbar natursüchtige Klosterlehrer, dem wir auf dem Bildschirm beim zögernden Raten zusehen mußten.

Das Chaos war perfekt und die Sendezeit längst überzogen, als das Wettpurzelbaumschlagen an die Reihe kam. Weder klappte die Direktübertragung in die Ortenauhalle besonders gut, so daß Elstner bald ganz verstimmt war, noch konnten die Schiedsrichter sich einigen, wer das Rennen gewonnen hatte: was für ein Durcheinandergerede, und schließlich sogar ein Anruf vom Intendanten, der Frank Elstner ganz verlegen machte, ein unangenehmer Moment.

Durch das starke Überziehen der Sendezeit mußte sich dann das österreichische Fernsehen ausblenden, noch bevor überhaupt der Wettkönig des Abends feststand: auch dies eine peinliche Panne, wie wir meinen.

Aber nicht nur wegen der enttäuschenden Wetten haben wir uns vor Arno Wallmann, an den wir während der ganzen zwei qualvollen Stunden bange denken mußten, geschämt, auch der sogenannte Showteil war gestern, mit Verlaub, wie man sagt, unter aller Sau.

Zuerst der Amerikaner John Denver, na ja, Geschmacksache, haben wir gesagt, aber dann das hundertzwanzigköpfige Folkloreensemble Mazowsze aus Polen, da sind wir alle sofort aufs Klo gegangen. Hoffentlich nutzt auch Arno Wallmann diesen offensichtlichen Tiefpunkt der Sendung zu einem raschen Gang auf die Toilette, haben wir gedacht, und wirklich, das haben wir soeben telefonisch erfahren, ist auch Arno Wallmann während der quälenden Tanzdarbietung der Polen sofort zur Toilette gegangen.

Den Gang zur Toilette hätten wir alle uns jedoch noch eine halbe Stunde aufgespart, wenn wir den verheerenden Beitrag von Julio Iglesias hätten vorausahnen können. Sicher, wir hatten alle in unseren Programmzeitschriften gelesen: Julio Iglesias, aber wer von uns hatte denn wirklich mit einem derart drittklassigen Verschnitt des ohnehin farblosen José Feliciano gerechnet. So viel hätten wir gar nicht trinken können, um bei Julio Iglesias schon wieder aufs Klo zu müssen.

Spätestens bei Julio Iglesias war uns klar, daß Arno Wallmann seinen Fernseher wieder in den Keller tragen würde.

Und wirklich hat Arno Wallmann zwar noch die sogenannte Rocknacht bis halb fünf Uhr morgens, mit glasigem Blick, so Arno Wallmann, vor dem Fernseher verbracht, den Fernseher dann aber noch vor dem Schlafengehen wieder in den Keller hinuntergetragen. Dabei sei ihm die ganze Zeit Die Glotze im Kopf herumgegangen, das beliebte Protestlied von Udo Jürgens, einem Sänger, der bekanntlich kein Blatt vor den Mund nimmt.

Schade um den Abend, so Arno Wallmann telefonisch, der doch vor der Fußball-WM zu den begeistertsten Fernsehzuschauern gehört hatte.

Von anderer Seite wiederum, so kam uns heute nachmittag zu Gehör, wurde gerade die gestrige Folge von Wetten daß als die gelungenste überhaupt bezeichnet.

1982

Wenn der Kellner kommt: Rauschzustand

Prost Mahlzeit, dachte Janusz Górski, frisch gelandet in Berlin-Tempelhof, Prost Mahlzeit deshalb, weil Janusz Górski überhaupt nicht vorgehabt hatte, nach Westberlin zu fliegen. Vielmehr war das Flugzeug, in welchem Janusz Górski saß, auf einem innerpolnischen Linienflug von politischen Wirrköpfen nach Westberlin entführt worden.

Große Aufregung unter den Passagieren auf dem Rollfeld von Berlin-Tempelhof, und plötzlich hatte sich auch Janusz Górskis Sitznachbar, ein Apotheker aus Lemberg, dazu entschlossen, in der Bundesrepublik Deutschland um Asyl zu ersuchen. Wenn wir nun schon mal hier sind, hatte dieser leise zu Janusz Górski gesagt, sollten wir uns doch überlegen, ob wir nicht hierbleiben wollen, die Entführer werden sie verhaften, das ist klar, aber wir könnten einfach in die freie Welt hinausspazieren, was sagen Sie dazu?

In Janusz Górskis Kopf begann sich sofort alles zu drehen. Es ist, wie wenn der Kellner kommt, dachte er, ein Rauschzustand. Geraume Zeit bereits haben wir die Speisekarte vor uns liegen. Wir haben alles genauestens durchgelesen, spielerisch alle Wahlmöglichkeiten durchgedacht, vielleicht haben wir uns sogar für das eine oder andere Gericht entschieden. Wenn dann aber der Kellner kommt, beginnt sich in unserem Kopf schlagartig alles zu drehen. Spricht der Kellner uns an, bitten wir ihn, zuerst einmal die anderen nach ihren Wünschen zu fragen. Damit gewinnen wir Zeit, unsererseits den Nachbarn auszuhorchen, was er zu bestellen gedenkt, denn wir haben beim Anblick des nahenden Kellners sofort vergessen, was wir bestellen wollten. Was wollte ich denn nur, denken wir in einer Art Gedankenblockade, dann sagen wir völlig aufgewühlt, ich nehme das gleiche, was mein Nachbar geordert hat. Vollkommen kopflos wählen wir abschließend noch ein beliebiges Getränk, denkbar unpassend, Tee zum Schweinebraten beispielsweise oder auch Bier zum Hasenrücken. Nur selten können wir, wenn der Kellner die Bestellung aufgenommen hat, wirklich von Herzen sagen, daß uns die Bestellung rundum gelungen ist.

Dies alles ging Janusz Górski auf dem Rollfeld von Berlin-Tempelhof immer wieder durch den Kopf. Es ist, wie wenn der Kellner kommt, sagte er zu seinem Sitznachbarn, dem Apotheker aus Lemberg, ein Rauschzustand.

1982

Die Decke auf dem Kopf

Die Schultern hochgezogen, den Kopf nach vorn geneigt, die tunesische Ledertasche geschultert und die Pfeife wie einen Schnuller im Mund, so sitzt unser Bekannter, Bartträger und arbeitsloser Kunsterzieher Gerhard Heidingsdorfer an seinem abgebeizten Tisch, während seine Frau Hilde, die dem Aussehen nach Gerhards Mutter sein könnte, in Wirklichkeit aber nur drei Jahre älter als dieser, also achtunddreißig, besten französischen Käse und Larzac-Wein beschert, die folgende, wie sich herausstellen wird, politische Begebenheit erzählt.

Natürlich ist auch mir schon einige Male die Decke auf den Kopf gefallen, hebt Gerhard an, wobei noch zu erwähnen ist, daß Gerhard erst kürzlich mit dem Erlernen des Klarinettespielens begonnen hat, natürlich ist auch mir schon einige Male die Decke auf den Kopf gefallen, aber daß man davon bewußtlos werden kann, war mir neu, so Gerhard Heidingsdorfer augenzwinkernd.

Eines Tages nämlich hatte Hilde Heidingsdorfer ihren Mann bewußtlos in der Speisekammer aufgefunden, nachdem das Essen schon angebrannt war. Gerhard lag wie begraben unter den Ziegeln und der Teerpappe, sagt Hilde Heidingsdorfer, das ganze Dach war weggerissen, und neben Gerhard dieser rätselhafte Klumpen, zweiundzwanzig Kilo. Zweiundzwanzig Kilo, sagt auch Gerhard Heidingsdorfer, wir dachten zuerst, ein Meteor, wenn er nur nicht so merkwürdig geglänzt hätte.

Gerhard war ja eigentlich nur Most holen gegangen, sagt nun wieder Hilde Heidingsdorfer, etwas anderes wäre es gewesen, wenn er mit der Klarinette in die Speisekammer gegangen wäre. Das Tonleiter-Üben, und nun hat Gerhard wieder das Wort, das zugegebenermaßen unerträgliche Tonleiter-Üben findet seit Juni bereits, mit Rücksicht auf die

Familie, nur noch in der Speisekammer statt, diesmal aber war ich ja nur Most holen gegangen, normalerweise eine Sache von ein, zwei Minuten.

Als das Essen angebrannt war, bin ich dann doch mal nachsehen gegangen, sagt Hilde Heidingsdorfer. Mit der Ente habe ich Gerhard sofort ins Kreiskrankenhaus gebracht, Gehirnerschütterung, fällt Gerhard Hilde ins Wort, und nach zwei Tagen durfte ich wieder nach Hause.

Bereits am nächsten Sonnabend hatte Gerhard mit Hilfe seiner beiden Uelzener Neffen, denn die eigenen Söhne, Jonas und Nikki, waren ja noch viel zu klein, im Gegensatz zu den beiden Neffen, den Königen von Uelzen, man nannte sie so wegen ihrer knallroten Londoner Kreppsohlenschuhe, und mit knallroten Londoner Kreppsohlenschuhen ist man in Uelzen immer sofort König, bereits am nächsten Sonnabend hatte Gerhard Heidingsdorfer das Dach seiner Speisekammer wieder in Schuß.

Die alte Teerpappe war ohnehin schon brüchig, sagt Gerhard, die Ziegel vom Moos zerfressen, langer Rede kurzer Sinn, sagt der Klarinette spielende Kunsterzieher, so kommt wenigstens ab und zu ein bißchen Arbeit auf mich zu, hier den Zaun ausbessern, da ein bißchen Unkraut zupfen, vielleicht auch mal die Klobrille neu streichen, womit wir wieder beim Thema wären.

Der zweiundzwanzig Kilogramm schwere Klumpen, der den nicht unbegabten Hobby-Klarinettisten beim Mostholen durch das Dach seiner Speisekammer beinahe erschlagen hätte, entpuppte sich nämlich, wie wir zwei Tage später in der Zeitung nachlesen konnten, als gefrorener Inhalt einer lecken Flugzeugtoilette, wer hätte das gedacht, so Gerhard und Hilde wie aus einem Mund.

Ein alliiertes Flugzeug, und was haben die Alliierten eigentlich immer noch in Deutschland zu suchen, fragt Hilde Heidingsdorfer nicht ohne Recht, ein alliiertes Truppenflugzeug hatte den Fäkalienklumpen beim Überfliegen des Heidingsdorferschen Heidehauses verloren, und Gerhard Heidingsdorfer kann von Glück sagen, daß er noch einmal so glimpflich davongekommen ist.

1982

Weiches Riesenrad

Als Werner Kuen vor nunmehr acht Jahren in der Wiener Staatsoper unmittelbar nach dem Schlußtakt des Lohengrin und in die Stille vor dem losbrechenden Applaus Elvis gebrüllt hatte, war das noch eine kleine Sensation, etwas anderes wäre es gewesen, wenn Werner zum Beispiel Karajan gerufen hätte.

Inzwischen haben wir uns an demonstratives Aufstoßen in der Oper gewöhnen müssen, Weißbrotkrümel und Rotweinflecken zieren das Gestühl der Theatersäle, durch lärmendes Gelächter und johlenden Szenenapplaus wird uns mittlerweile jeder zweite Kinobesuch restlos verleidet, die Politiker sitzen mit Rauschebärten im Parlament, kratzen sich vor den Fernsehkameras an der Hose und bringen, was das Schlimmste ist, ihre eigenen Blumenstöcke mit in die Abgeordnetenbänke, ganz zu schweigen von der Regierung, die ganze Bundesrepublik ein Kindergarten.

Mit diesen Primitivlingen, mit solchen freiwilligen Primitivlingen habe ich nie etwas am Hut gehabt, sagt der Wagnerianer Werner Kuen, und auch als ich vor acht Jahren in der Wiener Staatsoper Elvis gebrüllt habe, war das eine Art Botschaft und kann beim besten Willen nicht mit den heute gängigen Kindereien unter einen Hut gebracht werden, so Werner weiter. Zuerst hatte Werner Kuen überhaupt keinen Draht zur Musik gehabt, wie man sagt, ich war reiner Kunstliebhaber, sagt der heutige Wagnerianer selbstbewußt, Kunstliebhaber und also Salvador-Dalí-Liebhaber, fünfmal bin ich nach Spanien gepilgert, fünfmal zu Salvador Dalí, und fünfmal habe ich mir von dem Künstler erzählen lassen, wie er in den vierziger Jahren angefangen hat, diese auffallend dürren Elefantenbeine zu malen, soweit der damalige Dalí- und heutige Elvis-Fan Werner Kuen.

Dalís Elefantenbeine waren es auch gewesen, welche unseren

Freund 1972 schlagartig zum glühenden Verehrer des kritischen Paranoikers gemacht hatten, erst die Elefantenbeine, dann die weichen Uhren, sagt Werner, bis ich dann eines Tages im Poster-Shop, und wir erinnern uns alle an die Poster-Shops der frühen siebziger Jahre, wir brauchen nur an die siebziger Jahre zu denken, und schon fallen uns die Poster-Shops ein, aber zurück zu Werner, der sagt, bis ich dann eines Tages im Poster-Shop zum ersten Mal Elvis hörte.

Eigentlich war ich nur in den Poster-Shop gegangen, um mir ein neues Weiche-Uhren-Poster zu kaufen, sagt Werner, ihr ahnt ja nicht, wie viele Weiche-Uhren-Poster es gibt, aber dann kam über die kleinen Lautsprecher im Laden plötzlich diese Elvis-Musik, In The Ghetto hieß das Lied, und Werner Kuen kann es noch heute auswendig singen, on a cold and grey Chicago morning a poor little baby child is born in the ghetto and her mama cries. Werner ging schnurstracks in den nächsten Plattenladen und nagelte dann zu Hause das neue Weiche-Uhren-Poster zu den Klängen von In The Ghetto an die Wand.

So war ich von jetzt auf gleich vom reinen Kunstliebhaber zusätzlich zum Musikliebhaber geworden, sagt Werner Kuen, zur Dreifaltigkeit Dalí-Elvis-Wagner ist es dann aber erst 1975 gekommen, als mich ein Homosexueller in Wien, nachdem wir uns bei den Lipizzanern kennengelernt und im Riesenrad auch menschlich zueinander gefunden hatten, am Abend mit in die Oper schleppte, wo man den Lohengrin gab, so der Kunstliebhaber, der bis dahin immer gesagt hatte, wenn Musik, dann nur die Elvissche.

Wie vor den Kopf geschlagen habe ich der musikdramatischen Aufführung beigewohnt, nach dem Schlußtakt begeistert Elvis gebrüllt und mich in der folgenden Nacht erstmals der homosexuellen Liebe hingegeben, bekennt Werner Kuen.

Als überzeugter Wagnerianer hat er Wien vier Tage später wieder verlassen.   *1983*

Neger in Immenstadt: Verraten und verkauft

Anläßlich der umstrittenen großen Volkszählung fielen uns natürlich sofort die fünf Neger in Immenstadt/Allgäu wieder ein, die wir 1981 auf der Durchreise nach Oberstdorf kennengelernt hatten.

Unser Wagen war, wie wir uns erinnern, kurz vor Immenstadt am Wegrand liegengeblieben, so daß wir uns gezwungen sahen, in einem wenngleich teuren, so doch völlig unsympathischen Hotel in Immenstadt zu nächtigen.

Nachdem wir es in den Betten keine halbe Stunde ausgehalten hatten, haben wir uns wieder angezogen und sind hinunter in die Hotelbar geflüchtet. Inmitten von dröhnenden Rheinländern spielte dort, wer hätte das gedacht, eine echte Negerkapelle zum Tanz. Wir haben sofort mit den Zehen gewippt, und noch beim Zähneputzen haben wir Mademoiselle Ninette gesummt, dann sind wir nur so in die Betten gekippt: Die Neger hatten uns, wie man sagt, die nötige Bettschwere gegeben.

Als es am nächsten Morgen hieß, unser Wagen werde erst am frühen Nachmittag wieder fahrtüchtig sein, schlug Arno vor, wir sollten die Neger zu einer Runde Minigolf einladen, um die Wartezeit totzuschlagen. Gesagt, getan, und wenngleich wir die Neger in drei Partien haushoch geschlagen haben, hat sich doch aus dieser Begegnung in Immenstadt eine ausführliche Brieffreundschaft zwischen den Negern und uns entwickelt.

In einem durch und durch sachlichen Brief haben wir die afrikanischen Freunde zwei Jahre später aufgefordert, ihre Einstellung zur, wie wir glaubten, bevorstehenden großen Volkszählung, welche auch in Immenstadt nicht unumstritten gewesen sein soll, darzulegen.

Die Antwort kam prompt und war nicht minder sachlich abgefaßt als unsere Fragestellung. Darin schrieben die Neger, sie hätten nicht die geringste Angst vor der Volkszählung, in Immenstadt seien sie ordnungsgemäß angemeldet, in der Fachoberschule Kempten seien sie ordnungsgemäß eingeschrieben, die Rhythmische Fünf, so der Name der Hotelkapelle, mit der sich die Neger das Studium finanzierten, sei ohnehin ein Begriff in Immenstadt und um Immenstadt herum, was also hätten sie zu befürchten, schrieben die Neger aus Immenstadt.

Wir aber sind der Meinung, und wir sagen es laut jedem, der es hören will: Ein Neger in Immenstadt ist immer verraten und verkauft.

1983

Schreckliche Irrtümer

Was haben wir uns 1983 erschrocken, als jene Bundeswehr-
granate in die Menge gerauscht ist, ein schrecklicher Irrtum,
haben wir gesagt.

Ein paar Tage später haben wir dann das Foto von Ulrike
Meyfarth in der Zeitung gesehen, naja, wieder mal ein Foto
von Ulrikes langen Beinen, haben wir gedacht.

Aber dann hat Wilfried den Text zu dem Foto vorgelesen,
und da stand, daß Arno Breker keine Ruhe gab, bis die hübsche Hochsprung-Olympiasiegerin und der lebende Beweis,
daß Leistungssport weiblicher Schönheit durchaus keinen
Abbruch tun muß, wenngleich er es meistens doch tut, so
Wilfrieds augenzwinkernde Anspielung auf die russischen
Wuchtbrummen, aber wir wollen nicht immer gegen die
Russen losziehen, also da stand, daß Arno Breker, und wer
erinnert sich nicht an Arno Breker, den beliebten Bildhauer
vergangener Zeiten, der heute in französischen Homosexu-
ellen-Kreisen hoch im Kurs steht, kein Wunder, so Wilfried,
der die Franzosen nicht mag, aber wir wollen nicht abschweifen, in der Zeitung stand, daß Arno Breker, von dem
wir gar nicht wußten, daß er überhaupt noch lebte, wir ahnen wohl gar nicht, wer alles noch lebt, so Wilfried, der
endlich weiterlesen soll, daß Arno Breker keine Ruhe gab,
bis Ulrike Meyfarth ihm nackt, und naturgemäß nackt,
Modell stand. Was soll man dazu sagen, haben wir gesagt
und Wilfried gebeten, er solle doch etwas anderes aus der
Zeitung vorlesen, etwa von der Bundeswehr-Trauerfeier,
oder von Carstens in Amerika, aber dann hat Wilfried von
einem amerikanischen Hotel vorgelesen, vor dem deutsche
Politiker demonstriert haben, lauter schreckliche Irrtümer,
haben wir gesagt, dann doch lieber Ulrike Meyfarth, Ulrike
und ihre Superbeine, da kann man Arno Breker schon verstehen. So haben wir letztendlich durch Ulrike Meyfarth

nach langer Zeit einmal wieder ernsthaft über das Dritte Reich nachgedacht, wobei uns das sogenannte Dilemma der Avantgarde erstmals in einer ungeahnten, völlig neuen Perspektive erschienen ist.

1983

Bericht aus Bregenz

Vier Tage waren wir bereits auf Hausbesuch bei unserem Bregenzer Freund und Berater Heinz Ring, drei Tage zu lang, so Heinz Rings Haushälterin Barbie angeblich zu unserem Hospitanten Josef, und vier Tage lang hatten wir uns von Heinz Ring auf dem Pfänder das Waldsterben erklären lassen. Als wir am Nachmittag des vierten Tages von all dem Waldsterben schon ganz gerädert waren, schlugen wir Heinz eine Bodenseerundfahrt vor, denn wir wollten auch etwas über das Fischsterben wissen, so scherzten wir.

Auf der folgenden feuchtfröhlichen Dampferfahrt ließ Heinz Ring dann ganz unvermittelt den Namen des Mannes fallen, den wir daraufhin bald in unsere Herzen geschlossen haben, nämlich Klaus Bednarz.

Wir haben uns diesen Namen gemerkt und, kaum wieder zu Hause, auch schon die Tagesthemen eingeschaltet, zweiundzwanzig Uhr dreißig, aber wir hatten Pech, Bednarz setzte gerade aus, und wir mußten mit einem durchsichtigen Franken vorliebnehmen, nach fünf Minuten hatten wir unsere Fernsehgeräte wieder ausgeschaltet.

Eine Woche später war Rüdiger Hoffmann dran, na ja, haben wir gedacht und auf das dritte Programm umgeschaltet. Aber die Woche darauf war es dann soweit, Klaus Bednarz moderierte die schwierigen Weltverhältnisse auf seine vorbildliche Weise und brachte uns so, wer hätte das gedacht, sogar den Spaß am Libanon zurück, und wie oft hatten wir den Libanon schon auf den Mond gewünscht.

Begeistert riefen wir sofort nach der Sendung Heinz Ring in Bregenz an. Erst aus dem Haß auf Nowottny heraus, erklärte unser österreichischer Freund telefonisch, erst aus dem Haß auf Nowottny heraus habe ich meine Verehrung für Bednarz entwickeln können, Nowottny, den wir in Elstners Wetten Daß noch hemmungslos bewundert haben, hat uns im Laufe des Jahres nicht zuletzt durch seine schon fast an Werner Höfer erinnernden Überleitungen zum Wetterbericht zunehmend verärgert, wie überhaupt Friedrich Nowottny, so Heinz Ring telefonisch weiter, auch sein Haar auf äußerst kuriose Weise gefönt trägt, Klaus Bednarz hingegen trägt seine Ohren frei.

Wohl eine Grundvoraussetzung für journalistische Weltoffenheit schlechthin, haben wir Heinz Ring nach Bregenz geantwortet, wenngleich auch Bednarz einige Auffälligkeiten besitzt, etwa seine fast auf DDR-Länge getragenen Koteletten oder sein fast österreichisch geschnittenes Brillengestell. Mit dieser letzten Bemerkung konnte unser Bregenzer Freund und Berater jedoch naturgemäß nichts anfangen, da er als gebürtiger Österreicher seine Koteletten ohnehin auf DDR-Länge trug, ganz zu schweigen von Heinz Rings schwerem Brillengestell.

So endete dieses sehr euphorisch begonnene Telefonat mit einem leisen Mißklang, und wir erfuhren erneut, daß es immer wieder Brillengestelle sind, welche den wunden Punkt in den deutsch-österreichischen Beziehungen markieren.

1983

Wenn der Iwan kommt

Die Masche des Filmemachers Walter Schanze, den wir wegen seiner DDR-Abstammung immer nur Iwan Schanze nennen, jeden seiner Filme nur an sogenannten Originalschauplätzen abzudrehen, ist Iwan Schanze bereits in den späten sechziger Jahren fast zum Verhängnis geworden: Als er einen dokumentarischen Spielfilm über die französische Besetzung des Ruhrgebiets drehen wollte, ist Iwan Schanze mit einigen Leipziger Freunden ganz einfach über Nacht aus der DDR abgehauen, wobei er jedoch beinahe von sogenannten Vopos erwischt und also erschossen worden wäre, so Iwan Schanze, im Ruhrgebiet seien sie aber alle recht herzlich empfangen worden.

In den vergangenen sechzehn Jahren hat Iwan Schanze sich mit diversen und nach eigenen Angaben brisanten Filmen in der BRD einen gewissen Namen machen können. Das Filmemachen selbst betreibe er jedoch lediglich aus Gründen der Selbstverwirklichung, schon in der DDR habe er das Filmemachen nur aus Gründen der Selbstverwirklichung betrieben, ein jeder Filmemacher, egal, ob in Warschau oder Hollywood, betreibe das Filmemachen lediglich aus Gründen der Selbstverwirklichung. Wenn der Iwan kommt, so Iwan Schanze augenzwinkernd, und Augenzwinkerer sind immer unsichere Leute, dann heißt es Selbstverwirklichung, Filmemacher sind Selbstverwirklicher.

Gleichzeitig aber, betont Iwan Schanze, habe er auch eine soziale Ader. Diese soziale Ader habe ihn vor sieben Jahren direkt in die Arme von Amnesty International getrieben. Einerseits Selbstverwirklichung, so Iwan Schanze, andererseits soziale Ader, einerseits Filmemachen, andererseits Amnesty International. Zusammen mit seinem Freund Guntram Loch hatte Iwan Schanze bei der beliebten Gefangenenhilfsorganisation flugs eine Vorliebe für Mittelamerika entwickelt, und man kann sagen, daß Schanze und Loch binnen vier Monaten zu den führenden Mittelamerika-Experten der Sektion geworden waren.

Iwan Schanze und Guntram Loch waren schon in der sogenannten Nachkriegszeit zusammen in Leipzig in denselben Kindergarten gegangen. Zuerst in denselben Kindergarten und dann ab in den Wilden Westen, scherzt Guntram Loch und spielt damit auf die gemeinsame Flucht in die Bundesrepublik vor sechzehn Jahren an.

Naturgemäß besteht unser langerprobtes Filmteam, fügt Iwan Schanze hinzu, ausschließlich aus DDR-Flüchtlingen, drei bis vier haben wir schon damals mitgebracht, den Rest haben wir hier kennengelernt, wann immer wir in der BRD einen netten Menschen kennenlernen, können wir schon mit Bestimmtheit voraussagen, er stammt aus der DDR, allein die zahlreichen DDR-Flüchtlinge machen das Leben in der BRD erträglich, so Iwan Schanze.

Ein DDR-Bürger bin ich nicht mehr, ein BRD-Bürger kann ich nie sein, was bleibt mir anderes als Mittelamerika mit all seinen Bürgerkriegen, sagt Iwan Schanze. Die Bürgerkriege Mittelamerikas hatten von Anfang an eine starke Anziehungskraft auf den Filmemacher Iwan Schanze ausgeübt.

Nun hatte er kürzlich einen aufrüttelnden Brief von einem befreundeten französischen Journalisten erhalten.

Der Journalist hatte in diesem Brief wörtlich von der Hölle Mittelamerikas gesprochen, von Hunger, Elend und Krankheit, es gäbe keine geordneten Flüchtlingslager, Neugeborene würden nackt oder in Zeitungspapier gewickelt von ihren Müttern ausgesetzt, die ganze mittelamerikanische Moral sei sprichwörtlich flötengegangen.

Naturgemäß wurde die soziale Ader Iwan Schanzes durch diesen Brief stark aufgerüttelt, und er faßte sofort den Plan, einen abendfüllenden und dokumentarischen Spielfilm über die Not in Mittelamerika zu drehen. Ein Exposé war schnell erstellt, den Rest sollte die sogenannte Wirklichkeit besorgen, denn Iwan Schanze blieb seinem Motto treu: Wenn der Iwan kommt, wird nur an Originalschauplätzen gedreht. Unfreiheiten gibt es in der ganzen Welt, sagt Iwan Schanze, aber nirgendwo können wir sie so gut erfühlen wie an den Originalschauplätzen, haben wir erst eine einzelne Unfreiheit entdeckt, stolpern wir gleich über fünf weitere Unfreiheiten, sagt Iwan Schanze, die Erkenntnis einer Unfreiheit zieht sogleich die Erkenntnis zahlreicher weiterer Unfreiheiten nach sich, so leid es uns tut.

Und nach gelungener Kontaktaufnahme mit einer mittelamerikanischen Partisanengruppe saßen Iwan Schanze und sein Team bald in einem Linienflugzeug mit Kurs auf Mittelamerika. Dort angekommen, wurden sie direkt am Flugplatz von einem echten Partisanen abgeholt, der sein Deutsch ausgerechnet in der DDR gelernt hatte. Der Partisan fuhr Iwan Schanze und sein Team mitten in den mittelamerikanischen Busch zu einem versteckten Partisanenlager, wo der Filmemacher und seine Freunde mit großem und doch ganz anderem Hallo als damals im Ruhrgebiet empfangen wurden.

Während mein Team sich weitgehend in gedanklichem Leerlauf befindet, erklärt Iwan Schanze dem zünftigen Partisanenführer beim Abendbrot, läuft mein Gehirn und also das Gehirn des Regisseurs auf Hochtouren.

Nach dem Abendbrot spielte dann eine Schar mittelamerikanischer Truppenbetreuer einen mittelamerikanischen Klassiker auf selbstgezimmerter Bühne, und Iwan Schanze war sofort grenzenlos begeistert, während Guntram Loch ihm zuflüsterte, das sei noch Theater.

Am nächsten Tag aber fuhren alle in Tarnkleidung an die Front, um sogenannte Originalaufnahmen von echten mittelamerikanischen Kampfhandlungen zu drehen, welche der Spielhandlung die nötige und sogenannte Hautnähe verleihen und dieser also unterlegt werden sollten, so Iwan

Schanze. Und so wurde gedreht: Eine Woche lang original mittelamerikanische Kampfhandlungen an der Front, und danach zwei Wochen lang Abdrehen der Spielhandlung im ruhigeren Hinterland, das heißt kurz hinter der Front mit eigens dazu mitgebrachten bundesdeutschen Schauspielern von südländischem Typus.

Waren schon die Dreharbeiten an der Front grauenhafter, als wir es erträumt hatten, so Iwan Schanze, haben wir alle jedoch die bei weitem grauenhaftesten Erinnerungen, wenn wir an den ersten Drehtag der sogenannten Spielhandlung im frontnahen, aber sicheren Hinterland zurückdenken. Zur realistischen Ausgestaltung der Spielhandlung hatte man extra von einem hervorragenden römischen Requisiteur angefertigte sogenannte verkohlte Leichenteile mit nach Mittelamerika genommen.

Diese verkohlten Leichenteile waren naturgemäß aus Kunststoff gefertigt, dennoch waren sie nur von einem etwa durch Feuer- oder Kriegserfahrung geschulten Auge ohne weiteres von echten verkohlten Leichenteilen zu unterscheiden. Die Originaltreue der verkohlten Leichenteile ist mein ganzer Stolz, soll Guntram Loch, welcher übrigens den ganzen Faust komplett im Kopf hat, auf dem Flug nach Mittelamerika wiederholt ausgerufen haben. Beim Ausladen der sogenannten verkohlten Leichenteile in Mittelamerika sei das Team jedoch von dem einen oder anderen Eingeborenen recht argwöhnisch angeschaut worden, betont Iwan Schanze, der von Anfang an den Aufwand seines Freundes Guntram Loch um die verkohlten Leichenteile als unsinnig hoch bezeichnet hatte. Fast hätten sich die beiden Kindergartenfreunde Schanze und Loch über den bereits auf dem Flug nach Mittelamerika ausgebrochenen Streit um Sinn beziehungsweise Unsinn der eigens von dem römischen Requisiteur angefertigten verkohlten Leichenteile entzweit, das folgende grauenhafte Erlebnis beim Abdrehen der sogenannten Spielhandlung hinter der Front hat die beiden

Männer jedoch ein für allemal wieder vereint: Es war diese
Szene, erklärt Iwan Schanze heute, wo Ingrid dem Reporter
hinterherläuft, abends am Strand, und überall liegen diese
Leichenteile herum. Guntram hatte seine verkohlten Leichenteile hier und da effektvoll plaziert, und wir hatten
gerade die erste Klappe gedreht. Kommt da ein kleiner mittelamerikanischer Junge mit seinem klapprigen Fahrrad an
und hält eines von Guntrams verkohlten Leichenteilen in
der Hand, na ja, Guntram war sofort außer sich. Er sagt, leg
das verkohlte Leichenteil sofort wieder dahin, wo du es her-
genommen hast. Aber der kleine Kerl, führt Iwan Schanze
weiter aus, verschwindet wortlos im Busch und erscheint
kurz darauf wieder, mit einem ganzen Arm voll echter ver-
kohlter Leichenteile, und er schlägt vor, so Iwan Schanze,
gegen ein geringes Entgelt all unsere mitgebrachten und also
künstlichen verkohlten Leichenteile gegen echte und also
wirklich verkohlte Leichenteile einzutauschen, also Spielhandlung mit bundesrepublikanischen Schauspielern am
Originalschauplatz mit original verkohlten mittelamerikanischen Leichenteilen.
Das aber war zuviel für die soziale Ader Iwan Schanzes, der
sich in diesem Augenblick selbst verkohlt fühlte: In wilder
Erregtheit schlug er dem kleinen Jungen die ganzen echten
Leichenteile aus der Hand und jagte ihn in den Busch davon.
Noch abends im Partisanenlager war Iwan Schanze wie aus-
gelaugt, und er fühlte sich auf die ernüchterndste Weise an
den Brief seines Journalistenfreundes erinnert, in dem dieser
ihm geschrieben hatte, die ganze mittelamerikanische Moral sei sprichwörtlich flötengegangen.
Den Rest des Films hat Iwan Schanze auf dieses grauenhafte Erlebnis hin in kürzester Zeit, wenngleich an Originalschauplätzen, so doch völlig leidenschaftslos abgedreht.
Ein bitterer Nachgeschmack ist geblieben, sagt Iwan
Schanze heute, drei Jahre nach der Premiere seines engagier-

ten und allseits gepriesenen Mittelamerikafilms, und ich
habe ein wenig den Glauben an das Gute im Menschen verloren.

1983

Sprung vom Balkon

Der Selbstmörder Edgar Popp hatte eigentlich zur Gruppe der begeisterten Arbeitslosen gehört, ich kann nicht klagen, hatte er immer wieder hier und dort verkündet, ich kann nicht klagen über mein Arbeitslosengeld, denn Edgar Popp hatte als Bibliothekar einen angesehenen Beruf erlernt und auch zwei Jahre lang ausgeübt.

Als arbeitsloser Junggeselle hatte sich Edgar Popp endlich einen alten Jugendtraum erfüllen können, nämlich einen Mundart-Gedichtband mit eigenen Gedichten herauszubringen, einen Arbeitslosen-Mundart-Gedichtband also, in dem Edgar Popp, darauf legte er Wert, kein Blatt vor den Mund genommen hatte, und der in verschiedenen Tageszeitungen der Region nicht übel rezensiert worden ist. Sein Lyriker-Freund Rolf Bley, der seit über zehn Jahren bereits nur noch Anti-Kriegs-Gedichte schrieb und den man deshalb allerorts den Mahner Bley genannt hat, Rolf Bley aber hatte immer wieder gemahnt, Edgar Popp werde sich eines Tages vom Balkon stürzen.

Unsinn, hatte daraufhin immerzu die ganze Literaturwerkstatt geantwortet, Unsinn deshalb, weil Edgar Popp doch bei jeder Gelegenheit betont hatte, ich kann nicht klagen. Mahner Bley, aber hatte immer wieder entgegengehalten, gerade die, welche immer sagen, ich kann nicht klagen, seien diejenigen, welche mit tödlicher Sicherheit eines Tages vom Balkon sprängen.

Und wirklich ist Edgar Popp Anfang letzter Woche von seinem Balkon in den Tod gesprungen.

Nachdem Edgar Popp bereits das Geländer seines kleinen Nord-Balkons erklommen hatte, war der Lyriker und Mahner Bley, welcher dem Freund eben einige geliehene Bücher zurückgebracht hatte, in sprichwörtlich letzter Sekunde hinunter auf die Straße gerannt, um den entschlossenen Selbstmörder wenigstens aufzufangen.

Der Gedanke Rolf Bleys, seinen Freund aufzufangen und ihm dadurch das Leben zu retten, entsprang jedoch einer völligen Selbstüberschätzung, man kann sagen, daß Mahner Bley von Edgar Popp regelrecht totgesprungen wurde, während der Arbeitslose selbst erst drei Tage später im Konrad-Adenauer-Krankenhaus verstarb.

Unwichtig erscheint dagegen der Tatbestand, daß der erst fünf Monate alte Cocker-Spaniel des Selbstmörders in ein Tierheim gebracht werden mußte.

1983

Hahn im Korb

Die folgende Begebenheit bekamen wir von unserem langjährigen Hospitanten Josef zugetragen. Auf einer kleinen Senderreise hatte Josef unlängst in Baden-Baden ein sogenanntes unabhängiges Politologenbüro besichtigt, von dessen Existenz ihn Arno Wallmann nicht ohne Hintergedanken in Kenntnis gesetzt hatte.

Nachdem Josef sich alles artig angeschaut und nur die intelligentesten Fragen gestellt hatte, war er von dem Baden-Badener Politologenkönig Elßner in dessen Stadtwohnung zum Abendessen eingeladen worden. Während Elßner nämlich, so Josef, über einen Landsitz am Kaiserstuhl verfügt, in welchem Frau und Kinder untergebracht sind, teilt er die sogenannte Stadtwohnung in Baden-Baden mit einer um siebenundzwanzig Jahre jüngeren Geliebten namens Stephanie.

Abends bekam Josef dann, wie er sagt, kaum einen Bissen runter, so sehr hatte er sich auf Anhieb in Stephanie verknallt. Elßner aber, der sich in entspannungspolitischen Kühnheiten erging, habe sich hörnen lassen und von den verstohlenen Blicken zwischen Josef und Stephanie nichts bemerkt. Wenn man Josef Glauben schenken darf, haben sich die Verliebten bereits am nächsten Vormittag heimlich im Nußgärtel getroffen. Dabei habe Stephanie unseren Hospitanten in ihren Plan eingeweiht, daß sie mit einigen Freundinnen am Wochenende nach Brüssel zu fahren gedenke, um sich nach dem Stand der Menschenrechte zu erkundigen. Wenngleich Josef, der durch die strikte Schulung unserer Runde gegangen ist, mit einem derartigen Vorhaben naturgemäß nicht viel angefangen konnte, sagte er aus verständlichem Grund die Mitreise nach Brüssel zu.

Drei Tage später war es soweit. Mit vier politisierenden Frauen in einen engen Renault gezwängt, dazu noch als relativ unpolitischer Mensch, kokettiert Josef, kam ich mir vor wie der Hahn im Korb. Die Fahrt sei rasch vorangegangen, die Witterung günstig, die Stimmung im Wageninneren bombig, und auf der Höhe des Rheinlandes habe man sich entschlossen, die Autobahn zwecks Mittagspause zu verlassen. Nachdem wir uns in dem Gasthaus eines trostlosen Straßendorfes eine allgemein als zu fett empfundene Schlachtplatte zu Gemüt geführt hatten, sagt Josef, stießen wir nebenan auf eine unscheinbare Konditorei, in der wir uns etwas zu naschen holen wollten, um den schlechten Geschmack loszuwerden und dann flugs die Reise nach Brüssel fortzusetzen, wo man sich, wie gesagt, nach dem Stand der Menschenrechte erkundigen wollte. Bereits durch das Schaufenster der kleinen Konditorei war die Wahl schnell getroffen. Josef wurde delegiert, fünf Negerküsse aus dem Geschäft zu holen, während sich die Frauen schon mal auf den Weg zu dem hinter dem Gasthaus geparkten Auto machten.

Und jetzt kommt es, sagt Josef. Nachdem ich mit dem Betreten der Konditorei auch die Türglocke zum Klingeln gebracht hatte, erschien kurze Zeit später eine attraktive Negerin hinter der Vitrine und fragte mich in rheinischem Akzent nach meinem Wunsch. Ein Kriegskind, schoß es mir durch den Kopf, so Josef. Ich war völlig perplex und verfluchte sofort, daß ich mich überhaupt auf diese Reise eingelassen hatte. Die Menschenrechte, so Josef weiter, hatten mich ohnehin nie interessiert, der erste Mißklang mit Stephanie war auch bereits aufgetreten, als sie mir nämlich den ganzen Appetit an der Schlachtplatte mit Fotografien iranischer Giftgasopfer verdorben hatte, und nun sollte ich bei einer Negerin fünf Negerküsse bestellen, so Josef ganz außer sich.

Stumm deutete ich auf das Tablett mit dem Naschwerk und zeigte mit den Fingern meiner rechten Hand die Zahl Fünf, sagt Josef, woraufhin die Negerin freundlich nachgefragt habe, fünf Mohrenköpfe, und Josef sie automatisch verbessert habe, fünf Negerküsse.

73

Nun war es raus, sagt Josef, und mir fiel es wie Schuppen von den Augen, daß wir in Brüssel definitiv nichts über den Stand der Menschenrechte in Erfahrung bringen würden. Ich zahlte, dankte und verließ eilig das Geschäft.

Den Frauen im Renault erzählte ich kein Wort von den Mohrenköpfen, dafür schmeckten sie um so besser, und wirklich haben wir später in Brüssel rein gar nichts über den Stand der Menschenrechte erfahren, die Liebesnächte mit Stephanie aber wären ein Kapitel für sich, schließt Josef vieldeutig ab.

Arno Wallmann jedoch, der Belgien haßt wie sonst nur die Schweiz, lacht sich ins Fäustchen, denn mit dem Baden-Badener Politologen Elßner hatte er schon lange eine Rechnung zu begleichen.

1983

Drei Todesanekdoten

Immer wieder haben wir uns sagen lassen müssen, der Tod werde in unseren Breiten, so wörtlich: tabuisiert. Immer wieder mußten wir Mitteleuropäer hierin zu einem Vergleich mit den Negern herhalten, bei dem die Neger jedesmal besser abschnitten als wir Mitteleuropäer. Die Neger, so wird uns vorgehalten, hätten ein natürliches Verhältnis zum Tod, auf Negerbegräbnissen werde getanzt, auf Mitteleuropäerbegräbnissen herrsche jedoch eine eher bedrückende Atmosphäre.

Von den Negern, oder doch wenigstens von den Indern, können wir uns hier ruhig eine Scheibe abschneiden, meint Arno Wallmanns theologischer Bruder Harry, und er war es auch, der folgende drei Todesanekdoten in die Runde getragen hat.

Die erste Todesanekdote stammt aus Norditalien, und wenngleich ihre Heiterkeit sich in Grenzen hält, lernen wir einiges über alternative Einstellungen zum Tod hinzu.

In der norditalienischen und also nicht, wie wir zuerst dachten, süditalienischen Hafenstadt La Spezia, so konnten wir letztes Wochenende in den Zeitungen lesen, werden augenblicklich die Särge in einem Zelt unter freiem Himmel und naturgemäß am Rande der Stadt gestapelt. Seit gut zwei Monaten kann die Gemeinde ihre Toten nicht bestatten, weil auf dem örtlichen Friedhof kein Platz mehr ist. Weiterhin erfuhren wir durch die Zeitungen, daß die Totengräber wegen der Seuchengefahr bereits mit Gasmasken ausgerüstet wurden und daß die Gemeindeverwaltung erst in sechs Wochen letzte Ruhestätten für die derzeit einhundertfünfzig Leichen geschaffen haben will. Was wir jedoch in unseren Zeitungen nicht nachlesen konnten, das waren die tieferen Gründe für diesen, sagen wir einmal, Leichenberg in La Spezia.

Wie ist es nur möglich, haben wir uns gefragt, wie ist so was nur möglich, noch dazu in Nord- und nicht in Süditalien, wie konnte es dazu kommen in einem durch und durch katholischen Land wie Italien, einem Land, das, wie wir wissen, kaum zweihundert Kilometer südlich der Zugspitze beginnt.

Unsere Frage blieb allerdings nur drei Tage, also bis Dienstag, offen, dann wurde sie durch Harrys Freund, den Italienschwärmer Elmar Gebhard, beantwortet. Elmar hatte nämlich auf seiner diesjährigen Italienreise zufällig auch einige Tage in La Spezia zugebracht und war über die Hintergründe der Leichenzelte bestens informiert, zumal er seine Italienreise dieses Jahr erstmals in Form eines religiösen Marsches abwickelte und also am Ort bei einem fortschrittlichen Kaplan untergebracht war.

Unweit des Friedhofs von La Spezia, begann Elmar die Beantwortung unserer Frage, existiert eine sogenannte Stadtteilbürgerinitiative, welche vor vier Jahren zwecks der Erhaltung dreier alter Alleebäume gebildet worden war. Zur Fünfzigjahrfeier der neben dem Friedhof gelegenen Arbeitersiedlung, heute eher eine Studentensiedlung, sagt Elmar, bereitet nun diese Stadtteilbürgerinitiative seit einem guten Vierteljahr ein sogenanntes Stadtteilfest, oder besser ein sogenanntes bürgernahes Stadtteilfest, also sagen wir einmal, eine riesige Studentenfete, sagt Elmar, vor, und für dieses bürgernahe Stadtteilfest ist der Stadtteilbürgerinitiative vor einem Vierteljahr das Gelände hinter dem Friedhof von La Spezia versprochen worden, ein paar brachliegende Äcker, deren Bauern die Gemeindeverwaltung bereits vor fünf Jahren enteignet hatte: na, klingelt es bei euch schon, fragt Elmar plötzlich. Als wir ihn nur verdutzt ansehen, setzt er mit leicht blasiertem Ausdruck im braunen Gesicht die Beantwortung unserer noch immer offenen Frage fort. Bereits vor fünf Jahren hatte sich die Stadt das Gelände hinter dem Friedhof zur anstehenden Erweiterung desselben ange-

eignet, vor einem Vierteljahr hatte sie das Gelände der Stadtteilbürgerinitiative für das etwa einwöchige bürgernahe
Stadtteilfest zugesichert, und zwar vertraglich zugesichert,
sagt Elmar, und vor zwei Monaten ist der Friedhof plötzlich
überfüllt. Es erweist sich jedoch wegen der anstehenden Ge-
meindewahlen als ungünstig, oder sagen wir einmal, als so
gut wie unmöglich, sagt Elmar, in Anbetracht vor allem der
Macht der sogenannten Stadtteilbürgerinitiativbewegung,
der Stadtteilbürgerinitiative das zugesicherte Gelände für
das, nur eine Woche dauernde, bürgernahe Stadtteilfest wieder abzusprechen und also zu verweigern. Zur Vermeidung
sogenannter unschöner Szenen, sagt Elmar, unschöner Szenen, deren man sich noch im Zusammenhang mit dem
Kampf um die drei Alleebäume erinnert, habe sich die
Gemeindeverwaltung, also der fortschrittliche Teil der Gemeindeverwaltung, so Elmar, unter anderem gegen die Be-
statter-Innung durchgesetzt und beschlossen, die anfallen-
den Leichen bis nach dem bürgernahen Stadtteilfest in
Zelten, Spezialzelten, zu speichern. Wenn das Stadtteilfest
vorüber ist, sagt Elmar, und jetzt haben wir natürlich längst
begriffen, wird hier Platz für sieben- bis achthundert Gräber
geschaffen werden. Während also noch die Mitglieder der
Stadtteilbürgerinitiative damit beschäftigt sind, die Reste
des bürgernahen Stadtteilfestes zu beseitigen, rollen bereits
die ersten Bulldozer der Gemeindeverwaltung heran, sagt
Elmar, um den Boden zu lockern. Und schon am nächsten
Morgen, sagt Elmar, dessen Ausführlichkeit uns bereits Un-
behagen zu verursachen beginnt, sollen die Leichenzelte
geleert beziehungsweise abgeschlagen werden, und jeder,
sagt Elmar, kann in La Spezia zukünftig seine ewige Ruhe in
dem bereits durch das bürgernahe Stadtteilfest trefflich vorbereiteten Boden finden. Bis dahin, also sechs Wochen, sagt
Elmar, heißt es für die Totengräber bei der Arbeit jedoch
weiterhin: Gasmasken auf.
Damit hatte Harry Wallmanns Freund Elmar unsere Frage

zufriedenstellend, wenngleich subjektiv, beantwortet, und wir waren nicht wenig erstaunt, wie offenherzig Elmar Gebhard über den Tod und sein Zubehör zu sprechen verstand.

Die zweite Todesanekdote kann man ebenfalls in den Tageszeitungen nachlesen, ihr Tathergang spielte sich jedoch in unserem eigenen Bekanntenkreis ab, und wir können uns also für die höchste Authentizität unserer Recherchen verbürgen.

Vielleicht erinnert man sich noch an die eher unscheinbare Zeitungsmeldung vom März dieses Jahres, es sei am Elbufer unweit von Lauenburg die Leiche eines Mannes gefunden worden, der ohne weiteres nicht zu identifizieren war, welcher aber, wie wir lasen, seiner Kleidung nach eindeutig aus der DDR stammen mußte. Was haben wir damals über diese Zeitungsnotiz gelacht, konnten wir ja nicht wissen, daß es sich bei der Leiche um unseren alten Bekannten Rüdiger Weißweiler handelte.

Wieso Rüdiger Weißweiler in DDR-Kleidung, diese Frage liegt auf der Hand, und auch wir haben uns nach der Identifizierung des Toten immer wieder gefragt, wie kam Rüdiger Weißweiler in die DDR-Kleidung. Erst seit der Verhaftung Renate Weißweilers wissen wir mehr, und auch erst seit der Verhaftung dieser Frau können wir einigermaßen offen über die Vorfälle reden.

Wir hatten unseren alten Bekannten und Mitstreiter Rüdiger Weißweiler seit seiner Heirat mit Renate und dem darauffolgenden Umzug von Hamburg nach Hitzacker ein wenig aus den Augen verloren, aus den Augen, aus dem Sinn, sagt man, denn, und auch daraus machen wir keinen Hehl, wir alle konnten Renate Weißweiler von Anfang an nicht ausstehen.

Diese Frau schmeckt uns nicht, haben wir immer wieder zu Rüdiger Weißweiler gesagt, diese Frau liebt dich nicht, sie ist nicht die richtige für dich.

Und wir sollten mit diesen unseren Vermutungen, die Rüdiger Weißweiler damals immer als böswillige Polemik gegen Renates lesbische Tochter abgetan hat, auf tragische Weise recht behalten, das heißt leider recht behalten, denn der Mord Renate Weißweilers an ihrem Mann Rüdiger kann nur als der düstere Höhepunkt von sieben wahrhaft höllischen Ehejahren angesehen werden.

Der Trick Renate Weißweilers, den Leichnam ihres Mannes einfach in eigens hierzu in Ostberlin besorgter DDR-Kleidung am Elbufer unweit der DDR-Grenze abzulegen, erwies sich als gar nicht ungeschickt, und die Polizei tappte erst einmal einige Tage im dunkeln. Dann hielt Renate Weißweiler, wie wir im Gerichtssaal erfuhren, die Spannung nicht länger aus, und mit zwei anonymen Anrufen versuchte sie die Polizei auf eine falsche Fährte zu locken, indem sie vorgab, in dem Toten einen Kartenabreißer der Leipziger Messe vom Vorjahr erkannt zu haben. Bei ihrem zweiten Anruf hatte die bereits hellhörig gewordene Polizei ganz schnell eine sogenannte Fangschaltung gelegt, und schon am nächsten Morgen wurde Renate Weißweiler dem Haftrichter vorgeführt. Bei ihrer Verhaftung soll sie ganz kopflos aus dem Haus gerannt, in die Elbe gesprungen und weit auf den Fluß hinaus geschwommen sein, angeblich schwamm der junge Polizeiobermeister Helbig aus Hitzacker aber schneller als die fast fünfzigjährige Mörderin, so daß er sie mitten auf der Elbe im reißenden Strom festnehmen konnte, und das alles unter dem johlenden Beifall der Menge am Ufer.

Die Genugtuung, mit der auch wir an den Nervenzusammenbruch Renate Weißweilers bei der Urteilsverkündung zurückdenken, macht unseren Rüdiger Weißweiler allerdings auch nicht wieder lebendig.

Sehr viel heiterer gibt sich da doch die dritte Todesanekdote. Sie spielt in der unmittelbaren Nachkriegszeit, in der sogenannten schlechten Zeit also, und handelt von einer Reise ohne Wiederkehr. Reise ohne Wiederkehr steht nämlich auf dem Grabstein jenes Sportsfreundes geschrieben, der damals, und auch das ging natürlich durch alle Zeitungen, auf einer Fußwanderung durch die verschiedenen Besatzungszonen Deutschlands, durch Trizonesien, wie man damals sagte, irrtümlich und auf das kurioseste von einem holsteinischen Landwirt erschossen wurde.

Kurz nach dem Einbruch der Dunkelheit hatte sich der Sportsfreund in seinem Schlafsack unter dem Vordach eines Hühnerstalls zum Schlafen niedergelegt. Der Landwirt aber, herbeigerufen durch das aufgeregte Gackern der Hühner, hielt den Mann in der Dunkelheit für ein Wildschwein und schoß dreimal mit seinem Revolver auf den schlafenden Sportsfreund ein, welcher naturgemäß sofort verstarb.

Von der Mutter des Sportsfreundes wird erzählt, daß sie sich noch jahrelang Vorwürfe gemacht haben soll wegen der Farbwahl für den aus alten Wolldecken eigens für den Sohn zum Weihnachtsfest 1946 hergestellten Schlafsack. Im Familienkreis wäre von dem Schlafsack immer als von dem kackfarbenen Schlafsack gesprochen worden, niemand sei jemals auf die Idee gekommen, den Schlafsack wildschweinfarben zu nennen. Hätte aber auch nur einer auf das Verhängnisvolle an der sogenannten Kackfarbe hingewiesen, soll die greise Mutter des Sportsfreundes noch kurz vor ihrem Tode 1965 versichert haben, hätte sie den Schlafsack doch ohne weiteres umfärben können, fleischfarben zum Beispiel, oder grün wie die Hoffnung, denn die Zeiten waren schlecht und die Söhne unterernährt.

Angeblich soll der Landwirt und also der Todesschütze unseres Sportsfreundes der Mutter einen ganzen Korb voll Hühnereier und zehn Hasenrücken zum Trost angeboten haben, die Mutter soll aber, Gerüchten aus dem Dorf zufolge, weder die Eier noch die Hasenrücken angenommen haben.

Auch auf der Beerdigung ihres Sohnes wollte keine rechte Atmosphäre aufkommen, schließt Harry Wallmann seine

Reportage ab, wenngleich der Sportsfreund doch auf so außerordentliche Weise ums Leben gekommen war, soll die Stimmung auf der sogenannten Totenfeier eher bedrückend gewesen sein.

1983

Todschick in Bruchsal

Bruchsaler Ingo Butzig, Student der Wirtschaftswissenschaften in Mannheim seit zwanzig Semestern und also ewiger Student, Denkerstirn, Brille, und doch immer wie aus dem Ei gepellt, Bruchsaler Butzig hat neuerdings von sich reden gemacht: als Schreier von Mannheim. Jeden Abend gegen neunzehn Uhr nämlich erregt Butzig das Aufsehen zahlreicher Autofahrer, indem er sich an die Schneckennudel stellt, die Schneckennudel, das verzweigte System von Hochstraßen und Auffahrten zur Rheinbrücke nach Ludwigshafen, dem verhaßten Ludwigshafen, immer bei Westwind, sagen die Mannheimer, immer bei Westwind zieht der ganze Ludwigshafener Gestank zu uns herüber, fragen die Mannheimer: Womit haben wir das verdient, aber wir möchten nicht abschweifen.

Bruchsaler Ingo Butzig also stellt sich alle Abend auf die Schneckennudel, neben die Fahrbahn und mit dem Rücken zum Bürgersteig, Blickrichtung auf den sogenannten Berufsverkehr, und der ist ein Kapitel für sich: Pendler zwischen Baden und Pfalz, Wanderer zwischen den Welten, allein vom Haß durch das Nadelöhr Rheinbrücke über die Schneckennudel getrieben, entsprechend die Fahrweisen, ein Fegefeuer, das Friedrich Schiller nicht hatte ahnen können.

Völlig Wurscht übrigens für Bruchsaler Butzig, der um diese Zeit allabendlich an der Schneckennudel steht, völlig Wurscht, denn Butzig ist hergekommen, um zu schreien und nichts als zu schreien, Ingo Butzig ist der Schreier von Mannheim.

Mit Blickrichtung auf die Fahrbahn und dem Rücken zum Bürgersteig, stößt er jeden Abend gegen neunzehn Uhr an der Schneckennudel einen lang anhaltenden und, je nach Wetterlage, gellenden bis klagenden Schrei aus.

Befragt man Ingo Butzig nach den Gründen für seinen all-abendlichen Schrei, weicht er gern erst einmal aus und berichtet dann die folgende, wie uns scheint, doch recht un-wichtige Begebenheit aus seiner Bruchsaler Jugend.

Zwischen Abitur und Bundeswehr habe er einige Zeit als Kellner im Gasthaus Traube gearbeitet, sich gleich am ersten Arbeitstag in Wirtin Helga verknallt, bald sich von dieser als Teilhaber der Restauration einsetzen lassen, und innerhalb von zwei, drei Monaten hatten sie die Traube zum Nummer-eins-Treffpunkt der Bruchsaler Schickeria ausgebaut, an sich keine ganz einfache Sache.

Wir waren alle todschick in Bruchsal, sagt Butzig, aber dann kamen die Schuhe aus Pirmasens, wie jedes Jahr, und Helga wollte die Verkaufsveranstaltung wieder in der Traube ab-halten lassen. Nur mit größtem Widerwillen und unter Lie-besentzug durch Helga habe ich zugestimmt, sagt Butzig, als dann aber jener schäbige Lastwagen um die Ecke bog, auf dem mit riesigen, abblätternden Lettern Schuhe aus Pirma-sens stand, ist mir sofort ganz übel geworden, und keine zwei Stunden später hatten wir den Salat. Während an der Bar, so Ingo Butzig, die Schickeria von Bruchsal ihre Long Drinks schlürfte, tummelten sich in der modernisierten Gaststube allerlei Bauern aus der Umgebung, durch Haus-wurfsendungen in großen Mengen herbeigelockt, primitive Proleten, sagt Ingo Butzig, die auf stinkenden Socken durch meine todschick modernisierte Gaststube schlurften und Schuhzeug aus Pirmasens anprobierten, was für ein Gestank nach Rüben, Käse und Kuhmist. Das war das Ende meiner Liebe zu Helga, sagt Bruchsaler Butzig, und zwei Wochen später nahm ich den Zug nach Mannheim, leistete dort mei-nen Wehrdienst ab und schrieb mich in Wirtschaftswissen-schaften ein, was ich bis heute studiere.

So ungefähr lautet die Standardantwort des ewigen Studen-ten, befragt man ihn nach den Gründen für sein allabendli-ches Schreien auf der Schneckennudel.

Wirtin Helga aus Bruchsal aber zeigte uns, nach langem Drängen unsererseits, einen erst kürzlich erhaltenen Brief von Ingo aus Mannheim. Darin schrieb der Student, er lebe noch, obwohl er längst tot sein müßte, zuerst habe er sie, seine Liebe, dann Bruchsal, seine Heimat, verlassen, schließlich habe er auch die Regelstudienzeit in Mannheim um das Doppelte überschritten, dadurch habe er die Lebensgesetze gesprengt, und deshalb sei die Welt verloren, und er habe eine ungeheure Schuld auf sich geladen.

Nun gut, Helga, haben wir nach der Lektüre dieses Briefes gesagt, und danke schön, aber ehrlich gesagt, Butzig ist doch nicht ganz klar im Kopf, wenn du uns fragst, ist Butzig nicht ganz klar im Kopf.

1983

Ein Blick unter die Schuhsohle

Ist die Konzentrationsschwäche das Signum des Primitiven, so ist der moderne Mensch auf dem besten Wege, sich bald wieder ins Körbchen zu rollen: allen voran der sogenannte Literat.

Während wir Nicht-Literaten uns nunmehr seit sechs Jahren die verlorene Konzentration mittels der mobilen Anpassung zurückerobern, und zwar Stück für Stück zurückerobern, während wir also unseren Scharfsinn seit 1978 auf eine unerbittliche Bejahung der Welt hin trainieren, suhlt sich der Literat freiwillig in geistiger Umnachtung.

Endlich von jedem Mitleid befreit, konnten wir somit bereits in den siebziger Jahren vor allem sogenannte Literaturzirkel als Sammel- und Tummelplätze dessen, was wir bald Neue Primitivität nannten, ausmachen.

Zumeist junge Menschen pflegen sich dort regelmäßig und gegenseitig Texte vorzulesen, welche nicht selten von psychotischer Desintegration gezeichnet sind.

Lebensuntüchtige Fotografen, und wem ist nicht die depressive Disposition der Fotografen aufgefallen, lebensuntüchtige Fotografen legen zaghaft einige Fotografien auf den Tisch. Wir erkennen darauf Fenster, Wintergeäst, verlassene Gebäude und immer wieder Puppen, sogar Schaufensterpuppen, ist es denn die Möglichkeit. Der Literat aber ist ad hoc begeistert von den Fotografien des lebensuntüchtigen Fotografen, und schon wird eine Literaturzeitschrift aus der Taufe gehoben. Ein lustiger Titel ist rasch gefunden, die Titel der Literaturzeitschriften, lautet die Faustregel, sind immer so lustig, wie ihr Inhalt traurig ist.

Auch die Marschrichtung liegt sofort fest: In keiner anderen Hinsicht äußert sich die mentale Störung des Literaten so deutlich wie in seiner grenzenlosen Gutwilligkeit, wissen wir doch, daß Gutwilligkeit an sich nichts anderes ist als die Klimax der Konzentrationsschwäche.

Wir schicken den Geist auf Reisen, sagt der Volksmund. Ich schreibe anwaltschaftlich, sagt der Literat und befindet sich damit auf demselben Niveau wie der Student, der dem Proleten, wir erinnern uns, den Fernseher wegnehmen wollte. Gerade hat der Literat ein neues Gedicht fertiggestellt. Seine Intensität und Aufrichtigkeit im Erleben, aber auch die phantasievolle Durchdringung des Erlebten wurden durch handwerkliches Können in literarische Form gebracht, so daß schließlich die Hinwendung zu einer Möwe als Metapher für die Einsamkeit eines Altenheimbewohners, der ohne Hoffnung dahinsiecht, erscheint.

Der Literat ist zufrieden mit seinem Werk, steckt den Text ordentlich gefaltet in die Brusttasche seines Flohmarkt-Jakketts und macht sich auf den Weg zum Literaturzirkel, sein Gehirn aber läßt er auf dem Nachtschrank liegen, neben der Zahnspange, wo es auch hingehört.

Aber Spaß beiseite: Das Gehirn auf dem Nachtschrank soll hier lediglich die nahezu vollendete Umnachtung des Literaten zum Ausdruck bringen, die nicht mehr neurotische, sondern bereits psychotische Umnachtung des Literaten, der soeben sein neues Werk fertiggestellt hat und sich nun bereits in freudiger Erregung, das Gedicht über die Hoffnungslosigkeit in der Tasche, auf dem Weg zum Literaturzirkel befindet, nicht ohne die glühende Hoffnung, sein engagiertes Poem in der Zeitschrift Litera-Tür, welche mit dem Literaturzirkel schon seit längerem assoziiert ist, abgedruckt zu sehen. Als er in der Runde eintrifft, erwischt er gerade noch den letzten freien Stuhl. Der Andrang ist groß, die Lesung hat bereits begonnen: Gunter ist dran, der zweiunddreißigjährige Drucker. Seine mitreißende Reportage von einem gewöhnlichen Arbeitskampf, der sich zu einer gewaltigen Friedenskundgebung ausweitet, wird sofort begeistert angenommen.

Ebenso Sabines Beziehungsgedichte, die aus eigener Erfahrung gewonnen wurden. Aufrecht und stark ist Sabine durch eine Depression gegangen, entsprechend groß ist die Beklemmung in der Runde, denn Ehrlichkeit siegt hier immer.

Schwerer hat es da schon Ulli, denn Ulli schreibt postmoderne Kulturkritiken, und wenngleich seinen Texten der Literatur-Status von der Litera-Tür-Runde bereits vor einem Jahr ausdrücklich zugesichert wurde, werden doch immer wieder Zweifel an Ullis linker Gesinnung laut: auch dies ein Zeichen zumindest hysterischer Mentalzustände im Zirkel.

Ullis postmoderne Kulturkritiken beginnen meistens mit einer polemischen Einschätzung der jüngsten Bundesliga-Ergebnisse, die er geschickt mit einer enttäuschten Liebesaffäre collagiert, um schließlich und immer das Erbe des Marxismus in den Manifestationen der populären Musik wiederzufinden.

Die Runde hat sich inzwischen an Ulli gewöhnt, und auch Ulli, stolz darauf, sich den Nacken bereits vor der Anerkennung des Literatur-Status ausrasiert zu haben, hat längst das gemeinsame Interesse aller Litera-Tür-Macher erkannt. Sabine hat Ullis Mut als erste bewundert, und vielleicht sind beide schon nächstes Frühjahr ein Paar: erst kürzlich haben sie in Frankfurt eine gemeinsame Vorliebe für Soja-Wienerle entdeckt.

Uns Nicht-Literaten aber verfolgt ein merkwürdiges Gefühl: Wir heben den Fuß, erst rechts, dann links, und schauen vorsichtig unter die Sohlen unseres Schuhwerks.

1984

Zwiebelnschneiden

Das Foto von Brigitte Bardot mit dem kleinen Robbenbaby auf dem Arm trage ich heute höchstens noch als sexuelle Stimulanz in meinem Portemonnaie, sagt Udo Eichhorn, der letzte Woche mit Karacho aus der militanten Tierschützer-Organisation Wut im Bauch hinausgeflogen ist.

Wut im Bauch ist ja schlimmer als Kinder Gottes, sagt Udo Eichhorn, und er muß es wissen. Genau wie die Bardot bin ich da einem ganz üblen Verein aufgesessen, so Udo Eichhorn, und während Brigitte Bardot langsam mit ihren Hunden verschlampt, haben sie mich wenigstens noch rechtzeitig rausgeschmissen.

Flugblätter verteilen und Hundedreck wegräumen, das hatte Udo Eichhorn kurz nach der Scheidung von Elke Eichhorn richtig Spaß gemacht. Bei Nacht durch den Schlamm kriechen, um ein paar verseuchte Versuchshunde zu befreien, das kam Udo Eichhorn dann aber doch abwegig vor.

Und letzte Woche die Nachricht von den englischen Genossen, die Briefbomben an führende Regierungspolitiker geschickt hatten: da war ganz Wut im Bauch sofort Feuer und Flamme, nur Udo Eichhorn konnte sich mit der Idee nicht so recht anfreunden, Briefbomben nach Bonn zu schicken.

Warum soll Helmut Kohl für ein paar Pelzmäntel sterben, rief ich, sagt Udo Eichhorn, und: ein Menschenleben stelle ich noch immer über ein Tierleben.

Auf diese Bemerkung hin, auf diese zugegebenermaßen unpassende Bemerkung hin, so Udo Eichhorn, bin ich sofort achtkantig aus Wut im Bauch hinausgeflogen.

Naja, sagt Udo Eichhorn heute morgen telefonisch, erst weinte ich nächtelang um Elke, dann weinte ich nächtelang um einen kleinen Bären, heute aber weine ich nur noch beim Zwiebelnschneiden.

1984

Andere Länder, andere Sitten

Nur auf Umwegen erfuhren wir, die wir umständehalber im Armenviertel der Stadt wohnten, die folgende Ausländeranekdote, welche von einem Ausländer handelt, der sich in einem besseren Viertel der Stadt niedergelassen hat.

Dieser Ausländer hatte bereits zwei Wochen nach seiner Ankunft in der Bundesrepublik auf einem Ostsee-Butterdampfer seine spätere Frau Heidi kennengelernt. Das Kennenlernen von Heidi auf dem Ostsee-Butterdampfer, welcher übrigens in einer anderen Zeit als Lazarettschiff nahe Saigon vor Anker gelegen hatte, bedeutete für den Ausländer, wie er selbst immer wieder betont haben soll, die entscheidende Wende in seinem bis dahin eher trostlosen Dasein.

Wenngleich die Ausländer, wie wir als Touristen wissen, ihre Heimat verlassen, weil sie zu trostlos ist, sind sie doch, wie wir als Deutsche wissen, sobald sie den Boden der Bundesrepublik betreten, zu erneuter Trostlosigkeit verdammt.

Wie groß muß da die Freude unseres Ausländers gewesen sein, als Heidis Eltern endlich in die Heirat einwilligten, wie muß sein Herz vor Freude gehüpft sein, als er mit seinem Bündel aus dem muffigen Schlafsaal der Gastarbeiterherberge auszog, um zu Heidi und ihren Eltern in den Buschrosenweg zu ziehen.

Bald darauf war Heidis Mutter ganz schnell gestorben, so daß der Ausländer und Heidi das Häuschen fast ganz für sich alleine hatten. Vier Wochen später war der Schuppen flott modernisiert, und das Geld, welches Heidi als Zugführerin im Nahverkehr verdiente, reichte völlig aus, um ein sogenanntes gutbürgerliches Leben zu führen. Der Ausländer hatte sich vorerst um den Haushalt und Heidis Vater zu kümmern. Dank des intensiven Sprachunterrichts, den ihm der alte Mann täglich erteilte, hatte keiner der Nachbarn gemerkt, daß es sich bei dem Ausländer wirklich um einen Ausländer handelte.

Wohl hatte man ihn öfters an der Trinkhalle wegen seines finsteren Aussehens geneckt und ihn Zulukaffer genannt, doch er selbst hat in jenem besseren Viertel der Stadt öffentlich erst dann frei zu reden begonnen, als Heidis Vater, ein alter Sozialdemokrat, befunden hatte, der Akzent des Ausländers sei endgültig ausgemerzt.

Diesen Gefallen hatte er seiner Frau Heidi und dem eingeweihten engeren Freundeskreis gern getan, und er war selber ganz stolz, wenn er von den Nachbarn für einen echten Deutschen gehalten wurde.

Beim Fasching hatte er sich mutig als Zigeuner verkleidet, und am nächsten Tag standen plötzlich seine Eltern und drei seiner Geschwister vor der Tür des Häuschens im Buschrosenweg.

Nachdem der Ausländer sich einen Moment lang, bei aller Überraschung, tatsächlich über dieses Wiedersehen gefreut hatte, begann er sofort, seine Angehörigen ohne großes Aufsehen hereinzuwinken, damit in der Nachbarschaft niemand etwas merkte. Das wäre ja noch schöner, sagte der Ausländer zu seinen Verwandten, sobald die Haustür geschlossen war, wenn ihr mir jetzt alles wieder versaut. Und damit spielte der Ausländer nicht nur auf die Sprache seiner Angehörigen an, sondern vielmehr auf deren Aussehen. Die Angehörigen waren naturgemäß in ihrer Landestracht angereist, und sie waren nicht minder erstaunt über den Cordfreizeitanzug des Ausländers, als dieser entsetzt war über die schwarze Tracht seiner Mutter oder die bunten Kopftücher seiner jüngeren Schwester.

Das Unwohlsein des Ausländers wuchs, als er einen Schlüssel im Haustürschloß hörte und kurze Zeit später seine Frau Heidi im kessen Zugführerinnenkostüm vor der ganzen Sippe stand. Ganz unglücklich schließlich wurde der Ausländer, als ihm seine Angehörigen bei der Tagesschau, von der sie naturgemäß kein einziges Wort verstanden, eröffneten, sie hätten in der Heimat alles verkauft und wollten nun, genau wie er, in der Bundesrepublik ansässig werden.

Ich lasse es nicht zu, daß mir der ganze Familiendreck hinter-hergereist kommt, sagte er abends im Bett zu seiner Heidi, nachdem man den Verwandten im Keller aus alten Matrat-zen ein Lager hergerichtet hatte.

Weil er aber ein gutes Herz hatte, brachte der Ausländer es nicht fertig, seine Angehörigen, die er Heidi gegenüber im-mer nur den Dreck nannte, vor die Haustür zu setzen. So baute er ihnen im Lauf der nächsten Wochen das Kellerlager immer komfortabler aus, während Heidi, welche von ihren Eltern liberal erzogen worden war, immer nur das beste Es-sen auf den Tisch brachte.

Den Plan, seine Familienangehörigen in das Leben der Bun-desrepublik einzugliedern, hatte der Ausländer bald aufge-geben, da sich zum Beispiel die Frauen strikt weigerten, ihre Kopftücher auf der Straße abzulegen und BRD-Kleidung an-zulegen.

Der Sprachunterricht durch Heidis Vater war auch bald im Sande verlaufen, und so hatte man sich entschlossen, die Angehörigen des Ausländers nur in der Nacht für ein bis zwei Stunden in den Garten zu lassen, wobei man ihnen na-turgemäß strengstes Redeverbot erteilte.

Anfangs hatten sich die Verwandten gern im Keller verwöh-nen lassen. Stundenlang saßen alle zusammen beim Karten-spiel, und der Ausländer hatte ihnen einen Farbfernseher heruntergestellt. Nach einigen Wochen jedoch äußerten die Angehörigen des Ausländers immer häufiger und immer dringender den Wunsch nach Ausflügen und Unternehmun-gen im Tageslicht, so daß es schließlich einer immer strenge-ren Aufsicht bedurfte.

Die größte Angst hatte der Ausländer davor, seine Familie könne im Keller randalieren und somit die Aufmerksamkeit der gesamten Nachbarschaft auf sich ziehen. Und so versuchte er, seine Eltern und Geschwister durch immer raffiniertere Scherze bei guter Laune zu halten, was ihm schließlich auch immer wieder gelang.

Als der Ausländer aber am letzten sogenannten langen Sonnabend bei einem Verkehrsunfall zusammen mit seiner Frau Heidi so schwer verletzt worden war, daß beide vier Tage auf der Intensivstation des Konrad-Adenauer-Krankenhauses liegen mußten, hatten die Angehörigen des Ausländers den senilen Vater Heidis überrumpeln und sich selbst mit Hilfe einer Brechstange durch die Garage aus dem Häuschen im Buschrosenweg befreien können.

Die aufgeschreckten Nachbarn hatten in der bunten Horde von Ausländern zuerst Diebe und Einbrecher vermutet, mit Hilfe eines Taschenwörterbuches wurden sie jedoch von den Angehörigen des schwerverletzten Ausländers bald über die wahren Umstände aufgeklärt und also eines Besseren belehrt.

Noch am selben Tag verlangten die Angehörigen auf ihrem Konsulat, zurück in ihre Heimat ausgeflogen zu werden. Bis zum Abflug ihrer Maschine um zweiundzwanzig Uhr neun haben sich die Eltern und Geschwister des Ausländers nur unter freiem Himmel aufgehalten.

Hand in Hand sind sie schließlich um das Abfertigungsgebäude herum auf das Rollfeld gegangen und haben auch das Flugzeug selbst nur zögernd und mit Widerwillen betreten.

1984

Wartburg

Wenn Gerhard Krüger auch das Leben eines vorbildlichen Bundesbürgers führte, hatte er es sich doch bereits seit vielen Jahren nicht nehmen lassen, seinen alljährlichen Sommerurlaub mit Frau und Kindern in der Ostzone zu verbringen. Schon in der Zeit des sogenannten Kalten Krieges war Gerhard Krüger als Junggeselle alljährlich in die SBZ gereist. Man kann sagen, daß Gerhard Krüger sich die Ostzone zu seinem Hobby gemacht hatte. Wenn er auch mit seiner gesamten Dresdner Vorkriegsverwandtschaft bereits seit Jahren nahezu in Feindschaft lebte, hatte er sich doch im Lauf der Zeit in und um Erfurt einen nicht unbeträchtlichen Freundeskreis aufbauen können. Von 1971 an wurde auch das Weihnachtsfest in der Zone verbracht. Im Thüringer Wald hatte sich die Familie schon frühzeitig ein Häuschen sichern können, sehr schön gelegen, unweit der Wartburg, unweit des Erfurter Freundeskreises.

Von seinem letzten Ski-Urlaub im Erzgebirge ist Gerhard Krüger mit seiner Familie nicht in die Westzone zurückgekehrt. Die Umsiedlung der Familie Krüger von der Kasseler Stadtwohnung in das Thüringer Häuschen wurde von dem gesamten Erfurter Freundeskreis mit großem Jubel begrüßt.

Vor allem Kurt Schmitt, mit dem Gerhard Krüger, damals noch Tourist, oftmals bis 22 Uhr im Café Freundschaft über dieses und jenes zu philosophieren gepflegt hatte, freute sich geradezu wie ein Kind über die plötzliche Nachbarschaft seines alten Ferienfreundes. Die Kinder von Kurt und Elvira Schmitt waren es auch, mit denen die Krüger-Kinder in der FDJ-Gruppe am liebsten zusammen waren.

So lag es auch nahe, daß beide Familien den folgenden Sommerurlaub gemeinsam planten. Nach Westpommern sollte es diesmal gehen oder wieder mal nach Rügen, denn hier hatte man sich 1963 kennengelernt, die Schmitts damals noch unverheiratet. Auf jeden Fall irgendwo in Küstennähe wollte man den Urlaub verbringen.

Durch einen Kasseler Spediteur ließ Gerhard Krüger seine ganze Habe in die nur hundert Kilometer entfernte neue Heimat bringen. Ein Erfurter Freund namens Sattler und Offizier der NVA beschaffte ihm einen gemütlichen Arbeitsplatz in der Verwaltung des VEB Tierische Nährstoffe. Gerhard Krüger verdiente auch hier genügend Geld, so daß Ilse Krüger sich ganz dem Haushalt und den Kindern widmen konnte. Wenn die Kinder bei der FDJ waren, pflegte sie den Nachmittag mit Vorliebe im Club der Volkssolidarität zuzubringen, wo sie bald gern gesehen war und einen Arbeitskreis Folklore-Stickerei ins Leben rief. Und während die Männer Erich Sattler, Kurt Schmitt und Gerhard Krüger am Sonntag-Morgen Fußball spielten, konnte man ihre Frauen in bunten Sommerkleidern und mit breiten Stroh-Hüten am Werra-Ufer spazierengehen sehen.

Die Urlaubszeit nahte, und die Familien Krüger und Schmitt hatten tatsächlich wieder Unterkünfte in jenem idyllischen Dorf auf Rügen bekommen können, wo sie sich 1963 kennengelernt hatten. Fieberhaft vor Freude zählten beide Familien die Tage bis zur ersehnten Abreise.

Gerhard Krüger hatte sein Arbeitssoll bereits vier Tage vor Urlaubsbeginn erfüllt und arbeitete doch bis 20 Uhr am Vortage der Abreise durch: Gerhard Krüger wußte, wofür er arbeitete, nie hatte er sich besser gefühlt als jetzt. Rügen war einfach die Wucht. Und alles war beim alten geblieben. Vor allem das knallrote Schlauchboot der Krügers, das sie schon in Kassel gehabt hatten, war unter den Kindern eine Sensation.

Auch Kirsten, die 17jährige Tochter von Gerhard und Ilse Krüger, machte nun keine Schwierigkeiten mehr. In Erfurt war sie anfangs in ihren glänzenden Boxer-Shorts und mit den Rollschuhen an den Füßen wiederholt beim Tanztee un-

angenehm aufgefallen, doch dann hatte sie in der Arbeitsge-
meinschaft Junge Restaurateure jenen frischgebackenen
Agraringenieur aus Gotha kennengelernt: Jetzt trug Kirsten
nur noch Kleider, und da sie mit ihrer Mutter die gleiche
Konfektionsgröße hatte, verfügte sie über eine ungewöhn-
lich große Kollektion verschiedener Modelle.

Auf einem Ausflug beider Familien von Rügen nach Greifs-
wald, wo man das berühmte Caspar-David-Friedrich-Haus
besichtigen wollte, geschah es, daß Gerhard Krüger seinem
Freund Kurt Schmitt nur so aus Spaß, aus reinem Übermut
sozusagen, vorschlug, die Automobile für einige Kilometer
zu tauschen. Kurz hinter Stralsund also bestieg Kurt Schmitt
mit seiner Familie den beigefarbenen Opel-Rekord der Krügers, während die Krügers selbst zu sechst sich in den weißen
Wartburg der Schmitts zwangen.

Nach nur einigen hundert Metern Fahrt jedoch verlor Ger-
hard Krüger unglücklicherweise die Kontrolle über das
Gefährt und prallte mit dem Wartburg und seiner ganzen
Familie frontal gegen einen Brückenpfeiler, während Kurt
Schmitt mit seiner Familie in dem beigefarbenen Opel die
Fahrt reibungslos bis zur nächsten ärztlichen Notdienst-
stelle fortsetzte. Für die gesamte Familie Krüger kam jedoch
jede Hilfe zu spät.

1984

Manchmal habe ich das Gefühl, überhaupt nicht von der Stelle zu kommen, stöhnt Neuling Edgar, dem die undankbare Aufgabe zugefallen ist, alle Post des promovierten Theologen, Bildhauers und Emigranten Werner Feldhagen zu bearbeiten, und wirklich gibt es Tage, an denen auch der Klügste ratlos über seinem Schreibtisch brütet.

Kaum war Werner Feldhagen jedenfalls nach Amerika ausgewandert, begann er uns auch schon auf den Geist zu gehen, und zwar auf den Geist zu gehen durch eine unablässige Flut von Briefen mit unsererseits völlig unangeforderten Mitteilungen über angeblich nur in den USA machbare Erkenntnisse, wie etwa der folgenden.

Ideologische Kulturversumpfung, äußerte sich Werner gleich in seinem ersten Brief, welcher noch deutlich die geistige Handschrift der Runde trägt, so jedenfalls Edgars Notiz, und von dem Ludger Jäkel stringent behauptet, er wäre bereits im Flugzeug nach Amerika verfaßt worden, aber Ludgers Unterstellung tut hier wenig zur Sache, ideologische Kulturversumpfung, polemisierte Werner Feldhagen also egal von wo drauflos, sei weniger symptomatisch für inflationäre Toleranz, schön wärs, so Werners stehender Lieblingsausdruck, sondern im Gegenteil biete dieses moderne Phänomen eklatante Anzeichen einer perfektesten und subtilsten, nämlich strukturellen Zensur; ein zugegeben heller Gedanke des frisch Ausgewanderten, welcher an Ludger Jäkels Bonmot von der Pressefreiheit als höchster Stufe der Diktatur erinnert.

Der gelernte Hutmacher Ludger Jäkel, als heutiger Strukturalist und ehemaliger Poststrukturalist mit der Thematik bestens vertraut, war es übrigens auch gewesen, der Werner Feldhagen durch das bloße Unterschieben eines Bremerhavener Zeitungsartikels beinahe vom Auswandern abgebracht hatte. In dem besagten Zeitungsartikel war von einem Blinden die Rede gewesen, den die Bremerhavener Verkehrspolizei am Steuer eines in deutlichen Schlangenlinien dahinfahrenden Personenkraftwagens gesichtet und keine fünfhundert Meter weiter gestellt hatte. Neben dem Blinden, so stand zu lesen, hatte ein betrunkener Schlesier gesessen, welcher den übrigens von Geburt auf Blinden überredet gehabt hatte, liebenswürdigerweise das Steuer seines Wagens zu übernehmen, nachdem er sich selbst, eben aufgrund exzessiven Alkoholkonsums, zu dem übrigens wiederum der Blinde den Heimatvertriebenen eingeladen haben soll, nicht mehr in der Lage gesehen habe, sein Automobil regelrecht zu lenken. Der Blinde jedoch, welcher naturgemäß völlig nüchtern gewesen sein soll, hatte dem Vorschlag des jovialen Breslauers unter der strengen Bedingung zugestimmt, daß dieser ihm während des Fahrtvorganges nur die präzisesten Anweisungen gäbe. Ob nun die Schlangenlinien, durch welche die Bremerhavener Verkehrspolizei auf das Fahrzeug aufmerksam wurde, eher auf die fehlende Fahrpraxis des Blinden oder vielmehr auf die beschwipsten Befehle des Schlesiers zurückzuführen sind, steht hier nicht zur Debatte. Es bleibt lediglich zu bemerken, daß jenes suggestive Einbringen dieses Bremerhavener Zeitungsartikels in Werner Feldhagens Entscheidungsprozeß den letztendlichen Entschluß des Auswanderers vorübergehend gehörig ins Wanken gebracht hatte.

Die Briefe Werner Feldhagens aus den USA wurden jedoch mit zunehmender Dauer seines Ausbleibens immer dümmer, sagen die einen, immer amerikanischer, sagen die anderen, und es dauerte auch keine vier Wochen, da hatte Ludger Jäkel Werner Feldhagen fallengelassen, versuchs du mal, Edgar, waren Ludgers Worte gewesen.

Nachdem nun bereits ein Dreivierteljahr ins Land gegangen ist, seit Harry Wallmanns Kommilitone Werner in die Staaten geflogen ist, hat ihn letzten Monat ein betont simulierter

Friedensmarsch nach Boston, Massachusetts, geführt, wo der ungebetene Korrespondent prompt ansässig wurde. Wenigstens nicht mehr New York, atmete Edgar auf, aber Werners Briefe wurden davon nicht klüger. Bis uns vorgestern der erste Brief des Theologen seit langem erreichte, der es, allein durch den oft monatelangen Vorsprung amerikanischer Fernsehserien gegenüber ihrer deutschen Ausstrahlung, lohnt, im Wortlaut wiedergegeben zu werden.

Hallo Freunde, schreibt Werner Feldhagen selbstsicher, ihr könnt euch nicht vorstellen, in welch hellem Aufruhr das Land sich befindet, seit gestern abend Bobby Ewing vor Pamelas Haus überfahren wurde; wie überhaupt es immer die Filmtode sind, welche die größte Trauer auslösen; der Schauspieler kann ersetzt werden, die Rolle nie; was kümmert uns der Krebs des Hauptdarstellers, führt Werner Feldhagen aus, denn Schauspieler gibt es wie Sand am Meer, der Filmkrebs jedoch, der die Spielfigur unerbittlich dahinrafft, ist irreversibel; die Fernsehwirklichkeit, resümiert Werner seine jüngste amerikanische Erkenntnis, ist also, verglichen mit der sozialen Wirklichkeit, die höhere.

Nun gut, Werner Feldhagen, haben Arno, Ludger und Edgar heute morgen auf einer Ansichtskarte geantwortet, nun gut, Werner Feldhagen, dein Vergleich ist hübsch angesiedelt, und die Erkenntnis versprüht einigen Esprit, allein die Aufteilung des sozio-medialen Feldes in mehrere Wirklichkeiten scheint doch auf moralisches Glatteis zu führen und bietet sich daher, auch und gerade in der Emigration, kaum an.

Heute ist wirklich ein mieser Tag, so Edgar beim Ablecken der Briefmarke. Er hätte die Antwort an Werner lieber alleine formuliert.

Im übrigen können sich Arno, Ludger und Edgar schon jetzt, erst sieben Stunden nachdem sie die Postkarte in den Briefkasten geworfen haben, nicht mehr einigen, welches Motiv die Rückseite des knappen Schreibens ziert. Während

Arno und Ludger der vagen Meinung sind, die Karte zeige ein Katzenmotiv vor dem Brüsseler Atomium, ist Edgar der festen Ansicht, daß man sich nicht ohne Absicht für eine Kaltnadelradierung der Boston Tea Party entschieden habe. Seis drum.

1985

Volk und Hygiene

Der Engländer, so sagt man, ist prüde. Und wäre Prüderie nicht eine so liebenswert-skurrile wie hervorstechende Eigenschaft des Engländers, würde man in den USA heute womöglich französisch sprechen. So jedenfalls der unlängst vorgebrachte Einwand eines Historikers, dessen Promotion sich mit Englands frühen Amerika-Siedlern, den Puritanern oder auch Pilgervätern beschäftigt. Wie aber eine jede Medaille ihre Kehrseite bereits impliziert, ist der Pilgervater lediglich Katalysator für den jungen Mann von heute, der sich in Gummikleid und Stöckelschuhen durch Londons bizarres Nachtleben zwängt. Erst Prüderie bringt also den Paradiesvogel hervor, ein Gedanke, welcher die allgemeingültige Auffassung von Anpassung und Abweichung als Gegensatzpaar gehörig ins Wanken bringt, wenn nicht sogar aufhebt.

Zu keiner Jahreszeit tritt uns die Prüderie des Engländers deutlicher vor Augen als im Sommer, und hier wiederum im sogenannten Hochsommer, zu einer Zeit also, in der das Klima und wirklich nur das Klima den Menschen nötigt, sich Stück für Stück seiner lästigen Kleidungsstücke zu entledigen. Während jedoch die Kontinentaleuropäerin dazu tendiert, am Strand oder im Stadtpark sogleich auch ihren Oberkörper zu entblößen, beläßt es die Engländerin zumeist beim Freimachen ihrer mühselig enthaarten Beine. Zwar hat sich die Engländerin bereits zu Hause vorsorglich einen Badeanzug, wie man sagt, untergezogen, darüber trägt sie jedoch ein T-Shirt, das sie nicht einmal beim Schwimmen ablegen wird. Die Prozedur jedoch, sich nach dem Bad der feuchten Doppelmontur zu entledigen, ohne den Oberkörper auch nur für einen Moment dem eventuell neugierigen Blick eines Passanten freizugeben, darf als eine Kunst betrachtet werden, in welcher die Engländerin höchste Perfektion erlangt hat. Zwar läßt auch der Engländer beim Baden in der Regel sein T-Shirt an, dennoch zeigt er zumeist keine große Scheu, nach dem Schwimmen das klebrige Hemd wieder auszuziehen und seiner Umwelt damit den ungenierten, wenn auch zumeist recht flüchtigen Blick auf seinen Oberkörper zu erlauben.

Warum Engländer beiderlei Geschlechts in Sonne, Wind und Wasser eine so deutliche Präferenz für das Überziehen von T-Shirts demonstrieren, konnte aus kontinentaleuropäischer Sicht bislang nicht geklärt werden. Weitaus mysteriöser für den Besucher noch sind die Gepflogenheiten englischen Reinlichkeitsstrebens. Nehmen wir beispielsweise einmal den Waschsaal einer Jugendherberge oder eines Campingplatzes an. Während der Kontinentaleuropäer mit freischwingendem Genital vor seinem Waschbecken steht, fährt sich der Engländer lediglich verstohlen mit dem Waschlappen in die Unterhose, eine Beobachtung, die, zugeben, den sittsamen Rahmen der Berichterstattung zu verlassen droht, deren Bildhaftigkeit uns jedoch farbig vor Augen führt, daß die Europäische Gemeinschaft immer eine pluralistische sein wird.

1985

Denkmal

Daß es den Schauspieler Neidhart Waas derartig schal erwischen sollte, hatte eigentlich niemand aus der Runde erwartet. Entsprechend unfeierlich wirkte denn auch die Trauer beim Eintreffen der Todesnachricht im Büro. Noch einen Abend zuvor hatte Arno Wallmann den Schauspieler auf der Bühne gesehen, und zwar auf der kleinen, aber bedeutenden Experimentierbühne des Städtischen Theaters. Woher hätte ich denn wissen sollen, so Arno heute, daß es Neidharts letzte Vorstellung werden würde.

Neidhart Waas hatte nämlich vier Wochen lang bereits en suite, wie man sagt, auf der Bühne gestanden, und zwar en suite mit ein und demselben Stück, nämlich Nußholzens umstrittenem Stacheldraht. Man kann sagen, sagt Arno Wallmann, der mit Neidhart zur Schule gegangen ist, daß Neidhart Waas erst mit dem Stacheldraht zum Durchbruch gelangt war. Handelte es sich schon bei dem Stacheldraht um ein umstrittenes Stück, hatte Neidhart Waas der Vorstellung bereits am Premierenabend die Krone der Brisanz aufgesetzt, indem er der ohnehin unbequemen Vorlage ein spontanes Intermezzo einfügte, eine improvisierte Ansprache an das, soviel sei verraten, zugegebenermaßen begeisterte, nämlich experimentierfreudige, weil vornehmlich junge Publikum. Dabei war Neidharts Stein des Anstoßes jene Gedenksäule gewesen, die man im Herbst als Denkmal für die Opfer des Nationalsozialismus neben dem Theaterbau errichtet hatte. Auf dieser im übrigen attraktiven Säule brannte anfangs, wir erinnern uns, eine sogenannte ewige Flamme, deren Brennstoffverzehr einigen Stadträten jedoch schon bald unangenehm hoch vorkam. Nachdem daraufhin im Stadtparlament ein heftiger Streit über das Politikum entbrannt war, entschloß eine beschlußfähige Mehrheit, das Mahnmal auf Sparflamme zu betreiben. Das heißt, man ließ die ewige Flamme ab sofort nur noch zu bestimmten Zeiten, nämlich denen der Straßenbeleuchtung, brennen. Als dummer Zufall mag es gelten, daß dieser Beschluß ausgerechnet am Premierenabend des Stacheldrahtes erstmals zur Ausführung kam.

Kaum hatte jedenfalls Neidhart Waas an besagtem Abend den Bühneneingang erreicht, sah er eben das Licht des Denkmals entflammen. Ich hatte ohnehin rasendes Lampenfieber, erklärte Neidhart später der Presse, und wie hätte ich weiterhin vor mir geradestehen können, wenn ich den Stacheldraht nicht an geeigneter Stelle unterbrochen und das Publikum auf das signifikante Politikum vor der Haustür aufmerksam gemacht hätte, ich konnte einfach nicht anders.

Soweit Neidhart Waas. Das Publikum, wie gesagt, ließ sich bereitwillig unterrichten, die Stadträte murrten nur einige Tage, und selbst Rolf Nußholz, der anfangs um den Rezeptionsfluß seines Stückes gebangt hatte, erkannte nach der Lektüre zahlreicher begeisterter Kritiken, daß sich der Erfolg, nicht zuletzt Kassenerfolg des Stacheldrahtes zu einem großen Teil auf Neidharts Intermezzo, das bald zum festen Bestandteil der Aufführung geworden war, stützte. Naturgemäß stand auch die Intendanz geschlossen hinter dem Schauspieler, schließlich war man ein Stadt-, aber kein Hoftheater, und dies zu beweisen, gab es nicht allzu viele Gelegenheiten. Allein die ewige Flamme des Denkmals ging weiterhin in der Abenddämmerung an, in der Morgendämmerung aus.

Immer schon waren es die Protestaktionen, lautet hierzu Ludger Jäkels These, welche die Verhältnisse zementieren. Und wirklich war Neidhart Waas, das kann Arno Wallmann bestätigen, ein unverbesserlicher Weltverbesserer. Eigentlich hat er immer 1968 hinterhergetrauert, führte Arno nach Eintreffen der Todesnachricht aus, nie wollte Neidhart begreifen, daß die sechziger Jahre lediglich ein launisches Vorspiel der umkehrbaren Vorzeichen bedeuteten. Die sind jedoch tatsächlich ein Problem, wirft da Ludger ein, der bereits seit 1978 über dem Syndrom der umkehrbaren Vorzeichen sitzt. Ein Problem, das seinen Segen bereits impliziert, lacht Arno Wallmann, der unter Ludger Jäkels Einfluß erkannt hat, daß die Idee von der Entideologisierung nichts weiter als phantasmagorisch war. Wieso, ruft plötzlich Neuling Edgar, 1968 ist doch schon wieder gut. Du bist ganz still, entgegnet da die Runde, die sauer auf Edgar ist, denn dieser hat heimlich eine Liste der In- und Outheiten auf den Markt geworfen, welche das Ansehen der Runde um etwa zehn Jahre zurückwerfen könnte. Wozu haben wir dir den Heidegger geschenkt, wirft man Edgar vor, wenn du dich, kaum fünf Minuten allein gelassen, wie ein exzentrischer Brummkreisel gebärdest. Bleibt nur zu erwähnen, daß Neidhart Waas letzten Dienstag in seinem Klappbett erstickt ist. Nachdem sich der alleinstehende Schauspieler bei Sendeschluß auf sein Bett gelegt hatte, schlug der Mechanismus die Liegefläche nach oben. Fremdverschulden wird von der Polizei ausgeschlossen.

Die Flamme des Denkmals wurde daraufhin letztes Wochenende wieder auf Dauerbetrieb gestellt.

1985

Apart

Folgendes, platzt Ilse Banzer aus Darmstadt, die sich auf der Durchreise befindet, in unser Büro, und alles horcht auf. Denn immer wenn Ilse Banzer durchreiste, hat sie uns nur den wertvollsten Diskussionsstoff hinterlassen. Die Diskussionen, die wir auf Ilses Anregung hin geführt haben, wird jeder aus der Runde zustimmen, sind immer nur die fruchtbarsten gewesen, sind wir also gespannt wie die Flitzbogen. Ilse Banzer, eine im übrigen völlig unweibliche Frau, hat eine frische Angewohnheit, schaltet sie doch neuerdings jeden Morgen gleich nach dem Zähneputzen den Fernseher ein. Während noch die Röhre zu glühen beginnt, sagt Ilse, breite ich auch schon das orangene Frotteehandtuch auf dem Teppichboden aus und setze das Bügeleisen in Gang. Trifft etwa fünf Minuten später der Wetterbericht ein, habe ich die Vorderseite der Bluse bereits gebügelt. Ist nun die Wettervorhersage positiv, mache ich mich sofort an das Bügeln der Blusenrückseite, bei negativer Vorhersage kann ich mir weiteres Bügeln sparen, werde ich doch die Kostümjacke mit Sicherheit den ganzen Tag nicht ablegen. Ein allmorgendlicher Vorgang, dessen sedierende Fahrplanmäßigkeit jedem Alleinstehenden guttäte, so Ilse weiter, aber eigentlich will ich auf etwas ganz anderes hinaus. Nachdem mich all die terrorismusseligen Nachrichten der letzten Monate regelrecht gefesselt hatten, so daß ich mir ernsthaft zu überlegen begann, welche Sendung den größeren Unterhaltungswert besäße, Dalli Dalli oder eine Terrorismus-Sondersendung, so Ilse Banzer aus Darmstadt, ist mir doch letzte Woche fast das Bügeleisen auf der Bluse angebrannt. Südfrika, ein Land, in dem es, wie wir lasen, sogar eigene Parks für Hunde gibt, Südafrika war es, welches Ilse Banzer letzte Woche beim vormittäglichen Fernsehen regelrecht die Schuhe auszog. Waren mir schon beim Brüsseler Fußballgemetzel Zweifel gekommen, ob Politischem lediglich der Rang, so die übliche Auffassung, von Medienereignissen zukäme, fiel es mir doch angesichts Südafrikas wie Schuppen von den Augen, bekennt Ilse Banzer, aparte Tochter steinreicher Lederwareneinzelhändler aus Darmstadt, die während der Studentenzeit einmal mit einem Ziegelstein in der Handtasche auf Hundebesitzer eingeschlagen hat, welche ihre Tiere Darmstadts Bürgersteige verkoten ließen. Wenngleich dieser Vorfall damals, wie man sagt, durch die ganze Presse ging, wird Ilse Banzer darauf heute gar nicht mehr gern angesprochen.

1985

Theater zu Parkhäusern

Es ist allgemein bekannt und oft bejammert worden, daß Neger in Hollywood nicht allzu häufig aufzukreuzen pflegen, zumal auf der Leinwand, und schon gar nicht in Hauptrollen. Sollte es einer aber einmal doch geschafft haben, bleibt er uns, wenngleich durch die Singularität seines Erscheinens mehr oder minder namenlos, um so länger im Gedächtnis.

Mit Bestimmtheit wird sich daher noch mancher an den Schwarzen erinnern, den man letztes Jahr in Enemy Mine – Geliebter Feind (zweisprachige Filmtitel geraten in Zeiten forcierter Markenzeichenkultur zunehmend en vogue) jenes Fabelwesen spielen ließ, das seinen menschlichen, naturgemäß weißen Gegenspieler nicht zuletzt dadurch beträchtlich zu verdutzen wußte, indem es, nachdem man gemeinsam durch dick und dünn gegangen war, ganz einfach ein Kind gebar.

So etwas hatte man, zumindest derart konstelliert, noch nicht gesehen.

Nicht nur, daß man den Erdenmenschen mit einem blonden Weißen besetzt hatte, um dann den Neger maskenbildnerisch-kontrastiv um so mißgestaltender zukleistern zu können, damit wiederum dessen letztendliche Restnegerhaftigkeit immer noch das gerade rechte Maß für die Verkörperung einer außerirdischen Bestie darstellte, die sich auch noch als gut, ja sogar doppeltgeschlechtlich erweisen sollte. Hatte man dem dunkelhäutigen Schauspieler darüber hinaus tatsächlich weismachen können, daß seine Darstellung des liebenswürdigen Monsters ganz hoher Schauspielkunst zuzurechnen sei. Was der arme Kerl im ersten deutschen Fernsehen in etwa wie folgt zu rechtfertigen versuchte.

Erst einmal, hob dieser an, galt es monatelang zu üben und

nichts als zu üben, auch sei seine choreographische Handlungsfreiheit im sperrigen Kostüm ebenso eingeschränkt gewesen wie die Mimik in der steifen Maske, schließlich habe die Darstellung einer Geburt für ihn als Mann eine äußerste Herausforderung dargestellt, kurzum, schloß der Schauspieler ab, diese Rolle habe ihn allein deshalb zu jener, von der Kritik einhellig bejubelten Meisterleistung beflügeln können, da man – und jetzt kommt es – bei ihrer Darstellung keine Sekunde lang habe bluffen können.

Womit das ganze Dilemma des Schauspielers markiert wäre, ein übrigens durch und durch amerikanisch anmutendes Dilemma. US-amerikanisch, versteht sich.

Die erstrebte und oftmals tatsächlich eingebildete Distanzlosigkeit des Schauspielers zu seiner Rolle hat schon vor zweihundert Jahren eine ganze sensible Generation junger Männer – und natürlich ist hier nur von Männern die Rede – ins Unglück gestürzt. Bereits damals haben helle Köpfe, wie Karl Philipp Moritz in seinem psychologischen Roman Anton Reiser, die empfindsame Theatergrille als Symptom einer epochalen Epidemie, der Melancholie erkannt.

Obwohl Melancholie gewissermaßen zur condition humaine gehört, kann sie pathologische Züge aufweisen, wenn ein einzelner, sei es Sisyphos, oder eine ganze Generation, sei es André Heller, in ihren Phänomenen festgehalten wird. Den vorrevolutionär-schuldhaft empfundenen Mangel an eigenem Dasein versucht Romanheld Anton Reiser auf dem Theater aufzufüllen. In seine Theatromanie eingeschlossen, welche Theater als Lebensgefühl erscheinen läßt, verkennt der Fan die Anforderungen der Schauspielkunst an den Darstellungstrieb und muß als Schauspieler zwangsläufig scheitern.

Der durch äußeren Druck empfundene Mangel an Dasein soll durch eine eigentümlich passive Selbstverwirklichung ausgerechnet auf der Bühne aufgehoben werden. Was natürlich nicht gutgehen kann. Aber bis heute probiert wird.

Theatromanie erscheint auch im ausgehenden zwanzigsten Jahrhundert wieder als die melancholische Massenpsychose. Was mit Schmierenkomödianten, Volksverführern, Bluffern vom Schlage Boy Goberts begann, denen man das fragwürdige Kompliment zu machen pflegte, daß sie die noch so verschiedensten Rollen glaubhaft darzustellen wußten (denen wir aber schon immer die gerade nicht wandelbaren Heroen à la Bernhard Minetti vorzogen), hatte sich bald via Fußgängerzonen und Zirkuszelte zu einem noch größeren Übel ausgewachsen. Dem großen Theater, natürlich reaktionär und verlogen, wollte man das kleine, sprich freie Theater entgegensetzen, fortschrittlich natürlich, und verdammt ehrlich.

Schützenhilfe hierzu kam, wie zu erwarten, von der aufgeweichten Linken, die ihr Lebensgefühl als Zuschauer, ihre Selbstverwirklichung als Schauspieler ebenfalls auf das Theater zu projizieren begann. Erinnere man sich nur an solch ärgerliche Schnulzen wie Ariane Mnouchkines Molière-Film, in dem sich die (nicht nur künstlerische) Armut so unbeschwert bunt gab, wie es eben nur ein hennagetöntes Lebensgefühl, niemals aber ein analytisch-klarer Blick erfahrbar machen konnte.

Nun mußten nur noch Theaterfestivals her. Von midlife-crisis-gerüttelten Stadtvätern (Selbstverwirklichung) und toleranten Industriellen (Lebensgefühl) gesponsert, jagte nun, und wir schreiben die ausgehenden siebziger Jahre, eine Festivität die andere, allesamt von der trügerischen Vorstellung besessen, die Rampe zu überwinden, nämlich die Trennung zwischen Bühne und Zuschauerraum aufzuheben. Kann man sich etwas Dämlicheres vorstellen? Kaum. Und doch sollte es noch schlimmer kommen. Das bürgerliche Theater nämlich, das große, das tote, wie man glaubte, begann plötzlich, einzelne Elemente des freien, des kleinen, des lebendigen, wie man glaubte, zu übernehmen. Inmitten ehrwürdiger Musentempel sah man sich nun mit nackten

Schauspielern konfrontiert, welche über das Zuschauergestühl kletterten und dem verblüfften (und geblufften) Besucher etwa so kamen: Ich heiße Robert und spiele heute abend den Hamlet, willste n' Schluck Rotwein? Hier gab der Schauspieler vor, weniger mit seiner Rolle, sondern vielmehr mit dem Zuschauer identisch zu sein, was auf die same old story und die gleiche verhängnisvolle Rechnung Leben = Kunst hinausläuft. Und die ist (klammert man das Leben nach dem Tod einmal aus) noch nie aufgegangen.

Der überaus peinliche Effekt, zu glauben, daß Hamlet am besten nackt, Egmont am besten auf der Rolltreppe, Orest am besten in der Leopardenhose käme, konnte nur noch dadurch übertroffen werden, daß der Schauspieler (in übrigens nicht nur völliger Überschätzung seiner selbst, sondern ebenfalls seiner dramaturgischen Funktion) während gewisser politischer, will meinen brisanter Passagen des gerade aufgeführten Stückes, freiwillig aus der Rolle zu fallen und ethische Ansprachen an das (auch noch geschmeichelte) Publikum zu halten pflegte. In der somit neugewonnenen Formel Kunst = Leben + Meinung hatte man nun das ideale Theater für Stern-Leser gefunden. Deren es ja bekanntlich nicht wenige gibt.

Man kann es drehen und wenden wie man will: Der Schauspieler ist immer der Dumme. Was ihn allerdings weniger entschuldigt als prinzipiell in Frage stellt. Zumindest auf der Bühne.

Geben wir also dem alten Thespiskarren (nicht aber dem Film und Fernsehen, wo sich die Psychose des Schauspielers per medialer Vermittlung einigermaßen zügeln und wenigstens vor dem Zuschauer weitgehend verbergen läßt) den längst überfälligen Gnadenstoß und schubsen ihn mitsamt seiner faulen Brut endgültig in den wohlverdienten Dreck.

Während der letzten Jahrzehnte hat sich nicht nur ein Prozeß sozialer Sättigung entwickelt, sondern der zivilisierte Weltbürger (zumindest des freien Westens) findet sich ebenfalls mit einer kulturpolitischen Übersättigung konfrontiert.

Rüstungspolitik bedarf aber ebensowenig einer Gewissensentlastung durch kulturpolitische Subventionen wie der mittlerweile zum Bürger gereifte und also an marktwirtschaftliche Mechanismen gewohnte Künstler einer staatlichen Unterstützung.

Nehmen wir jedoch die Finanzierung literarischer Großverlage durch die Waffenindustrie als verdinglichtes Rechenexempel gern in Kauf, können wir den hysterischen Spielarten, in denen uns die Schauspielerei nach über zweihundert Jahren melancholischer Prägung heute daherkommt, nur noch die vehemente Forderung nach Schließung aller Theaterstätten, ob Zelt, Keller oder Tempel, von höchster Hand entgegensetzen.

Wie vor einigen hundert Jahren der höfische Märchenerzähler ausgestorben ist, wünschen wir heute nichts dringlicher als die Eliminierung der letzten Exemplare eines frühindustriellen Künstlertyps.

Nicht Schwerter-zu-Pflugscharen kann hier die Conclusio also heißen, sondern: Theater zu Parkhäusern.

1986

Eingriff

Die Amerikaner haben doch, Verzeihung, den Arsch offen, so Robert Jäkel aus Frankreich, Ludgers Bruder übrigens, der seit vier Jahren als Bildredakteur in Paris lebt, und dessen Name Ende der siebziger Jahre durch die ganze Presse gegangen war, so daß Ludger von Robert immer als von seinem berühmten Bruder zu sprechen pflegt, nachdem Dortmunder Chirurgen ein Handtuch in Roberts Bauch hatten liegen lassen, so daß derselbe einige Wochen später in einer extra zu diesem Zweck anberaumten zweiten Operation wieder geöffnet werden mußte, ein Pfand für den Blinddarm hatte ich ja gar nicht verlangt, so Robert Jäkel damals schlagfertig zur Boulevardpresse, die Amerikaner, Verzeihung, haben doch den Arsch offen, und Ludgers Bruder weiß auch, warum.

Wie ihr wißt, hatte ich ja die letzten vierzehn Tage Hausbesuch von Ilse Banzer aus Darmstadt, hebt Robert telefonisch aus Paris an, nach zwei Tagen waren wir bereits, wie man sagt, so Playboy Robert, im Bett gelandet, am dritten Tag hatten wir uns auf das vehementeste zerstritten, nachdem ich Ilse in schwerenöterischem Übermut, ihrer feministischen Vergangenheit durchaus bewußt, Baby genannt hatte, so Robert aus der Hauptstadt der Liebe, allein die projektierte Besuchszeit Ilses war damit erst um einen Bruchteil abgelaufen, und die Darmstädterin dachte gar nicht daran, abzureisen. Ilse Banzer blieb und schwieg, denn sie hatte sich vorgenommen, bis zur großen Campbell's-Suppendosenausstellung in Paris zu bleiben, ein ohnehin dümmliches Vorhaben, so Bildredakteur Jäkel, hatte doch Andy Warhol mit seinen Campbell's-Dosen lediglich Amerika gemeint, müssen die heute von ihrer eigenen Firma ausgestellten Campbell's-Dosen als versehentliches Eigentor gewertet werden, können sie doch, erhitzt sich Robert, ihrerseits höchstens Andy Warhol in Gänsefüßchen bedeuten. Wogegen dieser sicher nichts einzuwenden hat, scherzt Arno Wallmann am anderen, also diesem Ende der Leitung.

Mit ihrem zugegebenermaßen fruchtbaren Kult um die Tautologie, führt Robert Jäkel unbeirrt fort, haben die Amerikaner andererseits jeglichen Sinn für das Dialektische verloren. Jaja, antwortet Arno, auch hierzulande läßt sich oft dasBezeichnete vom Bezeichnenden nicht mehr scheiden, hieran arbeitet dein Brunder, ursprünglich Hutmacher, dann Post- und heute aufrechter Strukturalist, seit 1978.

Das tollste kommt ja noch, wirft Ludger Jäkel ein, denn die geplante Campbell's-Suppendosenausstellung ist schließlich aus amerikanischer Angst vor terroristischen Übergriffen abgeblasen worden, und Ilse reist wenigstens drei Tage früher ab als vorgehabt. Ja, wer hätte denn auf die Dosen schießen sollen, ruft nun Ludger Jäkel, der wegen dringender Schreibarbeiten nicht ans Telefon hatte gehen können, aus dem Hintergrund. Ihr glaubt es nicht, setzt Robert, der den Einwurf Bruder Ludgers seinerseits nicht vernommen hatte, die Rede fort, ganz Paris ist von Amerikanern wie leergefegt. Jetzt lassen sie ihre Wurzeln Wurzeln sein, ergänzt Arno Wallmann lakonisch und macht den Vorschlag, daß man die Ausstellung ja von algerischen Hilfsarbeitern hätte aufbauen lassen können.

Überhaupt scheint sich selbst mancher Europäer nicht mehr auf seinen Kontinent verlassen zu wollen, nicht zuletzt der Gefahr detonierender Kernkraftwerke wegen, erinnert sich Arno der jüngsten Presseschau Wilfrieds, wurden hierzulande ganze Kindergärten, freie Kindergärten, besser Kinderläden, so Arno Wallmann, aufgelöst und auf den Kanarischen Inseln neugegründet. Laß die Idioten doch ziehen, denn die haben ja alle, Verzeihung, den Arsch offen, gluckst nun Robert vergnügt in sein Telefon, dessen Überzug übrigens aus ebensolchem Frottee gefertigt ist wie das unglückselige Handtuch, welches Dortmunder Chirurgen bei einem

Eingriff, wie gesagt, in Robert Jäkels Bauch hatten liegen lassen, an sich und überhaupt jedoch völliger Blödsinn, sein Telefon wie auch immer zu überziehen.

1986

Das waren die achtziger Jahre

Dafür, daß die sogenannten oder auch achtziger Jahre nunmehr als abgeschlossen, wenn nicht vollendet zu gelten haben, gelte ich mittlerweile als Spezialist; vielleicht, weil sich derartiges bereits 1978 in der von mir mitbegründeten Zeitschrift Mode & Verzweiflung finden läßt, vielleicht auch, weil heute jeder zweite eine solche Sicht der Dinge zu teilen pflegt, ohne sich über die tieferen Beweggründe hierzu im klaren zu sein. Als bestes Indiz dafür mag die schlechte Angewohnheit manches Zeitgenossen gelten, das Kind sogleich mit dem Bade, will meinen das Prinzip der Hipness sogleich mit den achtziger Jahren, deren man sich zu Recht überdrüssig wähnt, auszuschütten. So einfach nämlich kommt man dem Problem nicht bei.

Wenngleich Mode & Verzweiflung in eben diesem Jahr das Erscheinen eingestellt hat, soll hier ein letztes Mal wiedergekäut werden, weshalb sich noch heute selbst beste Freunde stundenlang mit der einen Frage, wann denn die achtziger Jahre nun eigentlich zu Ende gegangen seien, durchaus kontrovers zu beschäftigen vermögen. Ist dem einen beispielsweise Kriterium, daß der berühmt-berüchtigte Meta-Kult des Pop-Sommers 1982 zur vernichtenden Inflation der Idee geführt hat, erkennt der andere den Dolchstoß bereits am Sylvesterabend 1980, nachdem sich Langhaarige seiner Talking-Heads-Platten bemächtigt hatten. Wobei wir es mit jener Liaison dangereuse zwischen Intuition und Intellekt zu tun haben, welche sowohl den guten als auch den schlechten Historiker ausmacht.

Obwohl ich der heute verbreiteten Mode, den für hip zu halten, der ein Ding als erster gutenachtküßt, längst skeptisch gegenüberstehe, zwang natürlich 1980 (mehr als dies heute der Fall wäre) der langhaarige Genuß von nervös-urbanistischen, gerade die Vereinzelung, niemals aber den gemütlichen Gleichschritt beschwörenden Hymnen der Talking Heads zumindest zu kritischer Reflexion.

Während sich die Talking Heads selbst erst im folgenden Jahr, nämlich durch die linkische Vernegerung ihres Klangbildes, ins stilistische Aus schossen; um allerdings fünf Jahre später, altersweise gewandelt (und Altersweisheit meint oft nichts anderes als Alzheimersche Krankheit, bei der das Gehirn zur Walnußgröße schrumpft), zu einem konsumtiven Selbstplagiat ihrer Frühphase zurückzukehren, das tatsächlich noch dem allerletzten Vorgestrigen selbst 1986 den pathetischen Einstieg in jenes Konvolut ermöglichte, das er für die achtziger Jahre hielt.

Tatsächlich materialisiert sich in einer Band wie den Talking Heads Segen und Fluch, feierliche Geburt und Alzheimersche Krankheit eines Jahrzehnts, das Die achtziger Jahre genannt wurde und vor ungefähr zehn Jahren als das nächste große Ding um den eiernden Globus geschickt wurde.

Die siebziger Jahre waren eigentlich niemals dermaßen propagiert worden. Sie dienten lediglich der schlachtmüden 68er Generation (hatten doch die sechziger Jahre weitgehend in denselben stattgefunden) für ihre Rückzugsgefechte, später als Therapie- und Erholungsstrecke, was dem wehleidig gewordenen Hippie schließlich weniger verschleierte denn schmerzhaft ins sensible Bewußtsein führte, daß sein historischer (Schrot-)Schuß letztendlich in den Ofen gegangen war. So jedenfalls hatte kein Jack Kerouac, kein Beatnik gewettet.

Und so mußte erst die New-Wave-Kultur (naturgemäß vorerst im Gewande der Subkultur) mit ihrer, wie sie fatalerweise glaubte, entideologisierenden These, daß es gesellschaftspolitisch weder Täter noch Opfer mehr gäbe, heranbrausen, um Platz für die achtziger Jahre zu schaffen, war es doch für die siebziger Jahre, in deren Zenit man sich immerhin befand, bereits deutlich zu spät, noch beim Namen genannt zu werden. Außerdem waren diese zu zwei Dritteln von Kreaturen aus den sechziger Jahren bevölkert. Man durfte abräumen, und endlich einmal ungerecht sein.

Hinzu kam die nicht minder elektrisierende Erkenntnis, daß ein jedes Neues sein historisches Pendant besäße, was die Formulierung des Hier-und-Jetzt weniger im Heute, als im Gestern-und-Morgen nahelegte. Was dem Boring Old Fart jedoch als Austauschbarkeit erschien, besaß in Wirklichkeit Prinzip und Strategie. Das Spiel mit der Umkehrbarkeit der Medaillen (von deren Kehrseiten bislang immer behauptet worden war, daß sie ihr anderes Selbst zumindest moralisch negierten) brachte auf die alte Frage Kopf-oder-Zahl eine ganz neue Antwort hervor, nämlich Kopf-und-Zahl, was nahelegte, daß von nun an sogar Geist und Geld zusammengingen. Hier war man anfangs von sich selber überrascht.

Unter der jedem Altlinken (der erst Jahre später begreifen sollte, daß postlinks schließlich auch links war) hochverräterisch vorkommenden Maxime Historismus alias Relativismus setzte die Neue Welle endlich zahlreiche Spielregeln der Mode ins rechte Licht. Dem modernden Traum von der Subversion (dessen endgültigen Ruin ich vielleicht damit illustrieren kann, daß ich kürzlich tatsächlich von einer Suborganisation der FDP um ein Referat zu diesem Thema angehalten wurde) begegnete man mit der lustbetonten Praxis absolut nicht beliebiger, sondern sorgfältig kybernetisch abgeleiteter, vor allem taktischer Stilübungen, deren Spielwiese einige Zeitschriften, von Mode & Verzweiflung bis Sounds, aber auch jene zahlreich aus dem Boden sprießenden neuen Bands abgaben.

Der Hippie diente dabei als Haßobjekt (denn es galt nun vorrangig, sich auch im Haß zu üben), und die siebziger Jahre (deren zahlreiche Stilblüten erst gegen die mittleren achtziger Jahre angemessener ästhetischer Würdigung unterzogen werden würden) wanderten frühvollendet auf den Schrottplatz der Geschichte. Worum übrigens niemand weiter traurig war, handelt es sich doch bei den siebziger Jahren um das sowohl von dem Sechziger- als auch Achtziger-Jahre-Klon ungeliebte Jahrzehnt.

Dabei hatten bereits 1972 (dem Schlüsseljahr der Post-68er-Generation, also der zwischen 1955 und 1960 geborenen) Bands wie Roxy Music (als Initialzünder des Achtziger-Jahre-Mythos) die Devise der Künstlichkeit ausgegeben und damit erst mal alles Authentische auf unbestimmte Zeit diskreditiert. Ein altbekannter historischer Mechanismus, der seine Anwendung auf den Pop allerdings erstmals zur New-Wave-Blüte vor ungefähr zehn Jahren erlebte. Die Kunst des Zitats war plötzlich in aller Munde, dem Handwerk zeitloser Fingerfertigkeit (beispielsweise des ausdauernden Sologitarristen) dasselbe gelegt.

Wer hat Angst vor den achtziger Jahren? hieß denn auch bald eine Broschüre der Ariola über ihre neuen Bands, während man sich in den Cafés bei Neonlicht (welches als künstlicher als das der Glühbirne gefeiert wurde) schaurig-schöne polyesterne Visionen von 1984 erzählte, die das sogenannte Orwell-Jahr beim tatsächlichen Eintreffen zu purer Nostalgie stempeln sollten. So kam es, daß man bereits 1980 auf 1984 zurückblickte.

Das intelligente Spiel mit Stilen, welches stets Rechenschaft vor seinem historischen Kontext abzulegen vermochte, war bald zum Volkssport degeneriert, dem der Scharfsinn der ursprünglichen Idee naturgemäß Stück für Stück geopfert werden mußte. Aus subtilster Ironie (heute Patentrezept jedes Kulturidioten) war bald mittels einer aus Frankreich (wie sich herausstellen sollte, nicht sachgemäß) importierten Meta- und Simulations-Begrifflichkeit jenes plumpe Als-Ob-Gebaren geworden, mit dem wir uns bis heute in fast jeder Ausstellung, fast jedem Konzert, fast jeder Lektüre herumschlagen müssen.

Sogar die letzten Bastionen des Hippietums ließen sich, nachdem sie sich ihrer zotteligen Matten so spät entledigt hatten, daß den ersten Neo-Psychedelikern die ihren bereits gewachsen waren, minimale Zöpfchen in ihren Nacken stehen, um zu signalisieren, daß sie es gar nicht so meinten. Die ersten Kurzhaarigen jedoch, gegen Mitte des vergangenen Jahrzehnts, hatten es tatsächlich so gemeint. Spätestens ab diesem Moment der verschieden motivierten, aber nivellierten, wenngleich distinguierbaren Haarlängen mußte der endgültige Niedergang der achtziger Jahre als unmittelbar bevorstehend erkannt werden.

Der Stil, ursprünglich wichtigste Waffe gegen eine borniert Linke, hatte sich (mit dem Gegner seiner Hauptkonstituante verlustig) von seiner geschichtlichen Relevanz gelöst und somit in neugewonnener Unverbindlichkeit jenen hysterischen Taumel sich jagender und gegenseitig in den Schwanz beißender Mikro-Moden vom Zaun gebrochen, in dessen unaufhaltsamer Akzeleration jeder wache Zeitgenosse notgedrungen zum Steilwandfahrer werden mußte. Andauerndes Steilwandfahren jedoch besitzt nicht nur den Nachteil ungesunder Zentrifugierung, dient es doch auch, im Gegensatz zur Bewegung in der Ebene, keinem empirischen Vorankommen. Die ewige Steilkurve des Lifestyle führte schließlich zu kaum etwas anderem als der Verflüchtigung fast aller kritischen Positionen. Endlich war alles gleichzeitig erlaubt, die große Stunde des Gutdünkens hatte geschlagen, und jeder Stenz posaunte es in den Äther: Anything Goes. An allen Straßenecken begegnete man jetzt selbstbewußten Gecken, welche diese Socken oder jene Krawatten allein aus einem Grund (und zwar für einen Spottpreis) erstanden hatten, weil sie nämlich schon wieder gut waren. Kein Wunder, daß die achtziger Jahre auf diese Weise bereits gelaufen waren, bevor sie kalendarisch noch richtig begonnen hatten. Um der zunehmenden Ungemütlichkeit, die der vermeintlichen Erkenntnis, sich selbst überholt zu haben, zugegebenermaßen innewohnt, entgegenwirken zu können, führte man nun den Mythos vom Post-Age (mit seinem Haupt-Alibi, daß wir in der Postmoderne lebten) in die Pop-Kultur ein. Jetzt war alles ganz einfach. Heerscharen von Diskurse-Schreibern traten auf den Plan und erklärten ihrer begeisterten Leserschaft, wie alles mit jedem zusammenhängt. Selbst Marx war plötzlich wieder da, als Fußballspieler, staunte man.

Ein letzter Versuch, den einstigen Stil zu retten, vor allem dessen taktische Imponderabilität durch vergleichbares Raffinement zu ersetzen, darf in der Entwicklung einer subkulturellen Strategie des Klatsches um 1981 gesehen werden. In einer gleichgeschalteten Situation galt es noch einmal, die Spreu vom Weizen, den Spitzel vom Helden zu trennen. Die mittels der Propagandawaffe Klatsch forcierte Bildung immer engerer In-Zirkel trug letztendlich jedoch lediglich zur fortschreitenden, nervösen Überinformation der offenen Subkultur bei, die sich bald zur Massenkultur ausgewachsen hatte. Der Krieg um die verrückten Achtziger schien ausgefochten, aber er hatte sich, wie mancher verlorene Krieg, gelohnt. Er war auch tatsächlich nicht so verloren, eher zu früh gewonnen worden.

Wenn eine Band wie ABC, die während des Pop-Sommers '82 absoluten Hip-Status besaß, diesen erneut und erst recht bestätigt bekommt, wenn sie drei Jahre später ein So Hip It Hurts anstimmt, bleibt nur die Frage nach der Parole der neunziger Jahre offen. Denn die haben, das dürfte klar geworden sein, längst begonnen.

Wenngleich ich hier, um mich ein letztes Mal wiederkäuend selbst zu plagiieren, Verfremdung durch Authentizität vorgeschlagen und damit die Ernsthaftigkeit meiner vorhergehenden Ausführungen aufs Spiel gesetzt habe, läßt sich kaum von der Hand weisen, daß sich noch heute weite Teile unserer Generation unter jenem Schock befinden, den sie sich selbst versetzt haben, als sie, wenn auch nur für einen Moment, an die (phantasmagorische) Postmoderne glaubten.

Natürlich gehört es bereits seit geraumer Zeit zum guten

Ton, auf dieselbe zu schimpfen, wie man ihr andererseits gleich wieder verfällt, wenn man unterschreibt, daß die verzwirbelte Problematik dieser, durch die achtziger Jahre gezeitigten, schwindelerregenden Wendeltreppe von Moden und Meinungen ausgerechnet in der tödlichen Beschleunigung ihres Teufelskreises zu lösen sei. Abgesehen davon, daß in dieser Perspektive ein bitteres Echo des alten Schwindels von der Subversion mitschwingt, erscheint es mehr als zweifelhaft, daß die Wendeltreppe plötzlich (und wann?) ihre Geländer sausen ließe, um alle Werte in den freien Orbit (wo sie erst recht ins Trudeln gerieten) zu entlassen.

Von Dialektikern, synthetisch denkend, hat sich eine ganze Generation, nunmehr additiv denkend, zu Tautologen entwickelt. Deren Rechnung 1 + 1 ergibt zwar 2, mit einiger Ausdauer (sprich Konsequenz) gelangen jedoch auch sie, wohin man schon immer gelangte: zur liegenden 8 nämlich, ins Unendliche.

1986

Quarantäne

Extra zur hautnahen Berichterstattung über die Bonner Koalitionsverhandlungen war Eberhard Graf von der Chefredaktion einer großen südniedersächsischen Tageszeitung in die Bundeshauptstadt geschickt worden, denn Eberhard Graf, im übrigen ein entfernter Verwandter unseres Hospitanten Josef, zählte seit bald zehn Jahren zu den fähigsten südniedersächsischen Korrespondenten in allen innenpolitischen Angelegenheiten überhaupt. Als äußerst unglücklich mag daher, zumal in diesem Zusammenhang, gelten, daß Haus Rose, jenes kleine, aber stets sorgfältig geführte Hotel, in welchem Eberhard Graf seit Jahren, wann immer er nach Bonn geschickt worden war, zu logieren pflegte, kaum drei Stunden nach dessen Eintreffen in Salmonellenverdacht geriet und also unter strengste Quarantäne gestellt wurde, so Josef, von dem wir diese Geschichte haben. Ich durfte nicht einmal meinen Fuß vor die Tür setzen, so Eberhard Graf, der tatsächlich seit einem Manöver-Unfall, bei dem der Korrespondent unter das Laufwerk eines Kettenfahrzeuges geraten war, ein zwar nach wie vor sportliches, aber einbeiniges Dasein führte und einmal sogar, bevor er selbst jemals eine Zeitung betreten hatte, bevor er also, sagen wir, formuliert Josef, seinen Fuß auch nur in eine Redaktion gesetzt hatte, durch die gesamte Lokalpresse gegangen war, nachdem er in einem Bückeburger Schuhgeschäft von fünf Stiefelpaaren jeweils nur den linken Schuh gestohlen und damit die örtliche Polizei vor ein nicht unbeträchtliches Rätsel gestellt hatte. Nun ist die Bückeburger Polizei einerseits nicht die hellste, so Josef, andererseits hatte sich Eberhard eigentlich nur zur Besichtigung des Herder-Hauses in Bückeburg aufgehalten, konnte also lokal gar nicht aktenkundig geworden sein, kurzum, der Fall wurde schließlich ungelöst zu denselben gelegt. Zum Glück für

Eberhard, sagt Hospitant Josef, denn ein vorbestrafter Korrespondent, zumal wegen Schuhdiebstahls, einem tatsächlich als delikat bekannten Delikt, wäre in Bonn sicherlich keinen Pfifferling mehr wert gewesen, eine für Josef typische, im übrigen aber fragwürdige Einschätzung. Wie dem auch sei, Eberhard durfte eben wegen des Salmonellenverdachtes, unter den Haus Rose, in welchem der Journalist logierte, gefallen war, keinen Fuß vor die Tür setzen, und daß die Koalitionsverhandlungen allein Eberhards wegen im Garten des Fremdenheimes abgehalten worden wären, kam natürlich auch nicht in die Tüte, scherzt Josef. So verbrachte Eberhard Graf einige trübsinnige Tage unter strengster medizinischer Kontrolle, starrte durch die Vorhänge seines kleinen Hotelzimmers in den Schneeregen hinaus, und schrieb Briefe an Josef und Ilse Banzer in Darmstadt. Den Gang der Koalitionsverhandlungen schließlich erfuhr der Korrespondent, wie sein Chefredakteur, aus dem Fernsehprogramm. Der Salmonellenverdacht aber, von dem Haus Rose nach einer Woche befreit werden konnte, stellte sich als sogenannte Finte heraus, welche der Korrespondent einer konkurrierenden südniedersächsischen Zeitung dem Hause hatte anhängen können. Die Koalitionsverhandlungen waren ohnehin lau wie immer, so Eberhard laut Josef, und der finstere Glaube an das Gute in der Politik werde früher oder später durch einen strahlenden Glauben an deren Korrumpierbarkeit ersetzt werden müssen, schließt Josef, der gern vom Hundertsten ins Tausendste kommt, ab. Eberhard Graf aber, nachdem er schuldlos unverrichteter Dinge ins Südniedersächsische heimgekehrt war, fand dort seinen Lebensgefährten Wolfgang sowohl im Krankenhaus als auch im Koma vor. Dieser hatte, angeblich, um das Stammlokal, in welchem er mit Eberhard allabendlich zu verkehren pflegte, nicht zu entweihen, ausnahmsweise einmal das diesem genau gegenüberliegende Big Apple besucht und war darin sofort wie tot umgefallen. Keine vierundzwanzig Stunden nach Eberhards Rückkehr aber erwachte Wolfgang aus dem Koma, wurde von seinem Freund heimgeholt und sitzt heute an einem Artikel über jene Stimmen aus dem Diesseits, die er im Jenseits so deutlich hatte vernehmen können.

1987

Bonus Track:
Enden der Parabel

Keine Ahnung, ich denke, eher der späte. Ilse Banzer hängt am Apparat, ihrem aus Darmstadt mitgebrachten helmblauen, ob das überhaupt eine Telekom-Serienfarbe sei, hatte sie sich von Arno Wallmann, dessen Tasse Tee die Nato nicht eben ist, fragen lassen müssen, spielt hier aber keine Rolle, denn Arno, der ungeduldig am anderen Ende der Leitung sitzt, irgendwo in Afrika, darüber hinaus ganz ungeniert schmatzend, keinen Schimmer, worauf, möchte heute von seiner langjährigen Mitarbeiterin wissen, ob die kürzlich in den postalischen Umlauf gebrachte Strauß-Sonderbriefmarke den Abgebildeten in seiner politischen Früh- oder Spätphase zeigt. In den USA hatte man vor einigen Jahren per Bürgerbefragung ermittelt, daß der Sänger Elvis Presley einer Briefmarke eher als junger Mann zur Zierde gereiche denn als aufgedunsenes Tablettenwrack. Ein relativ knappes Ergebnis, Ilse, weiß Arno, der die USA so gut wie in- und auswendig kennt, den nun aber Thomas Pynchons ausgedachte Nazi-Herreros ganz konkret auf den schwarzen Kontinent verschlagen haben, dennoch wundern sich beide, warum in Deutschland der späte Politiker dem frühen, der immerhin einstmals, Ilse nennt dies hellsichtig, den nicht weniger, sondern, wie man heute weiß, um ein vielfaches gefährlicher chargierenden Pressemann Rudolf Augstein hinter Gitter zu bringen vermocht hatte, vorgezogen werde. Late meint ja im Englischen tot, orakelt Ilse Banzer, Popstars leben fort, Staatskünstler sterben den biologischen Tod. Mitunter den freiwilligen, versteht Arno Wallmann zu ergänzen, wie der Geißler und die Vollmer. Gleichsam hysterisch kreischt Ilse da auf, sie kann sich kaum darüber beruhigen, daß ihr Kollege das pazifistische Todespärchen Bastian-Kelly mit dem, findet sie, kaum weniger

unheimlichen, dezidiert bellizistischen Gespann unserer
Tage verwechselt hat, deren schwarzgrüne Konterfeis auf
Ludger Jäkels Gästetoilette hängen, kopfüber, versteht sich,
wenn man Ludger kennt, erst vor-, dann aufgeknöpft wie
Mussolini und sein Liebchen, damals, als die Amis kamen.
Tatsächlich ist Heiner Geißler ja einst mit seinem Freizeit-
gleitschirm kopfüber, schwarz vor Augen, in einen grünen
Baum gerauscht und hat sich dabei ordentlich weh getan.
Kaum steht der Name Geißler im Raum, ist auch schon Ludger Jäkel im Türrahmen erschienen. Arno ist dran, raunt
Ilse ihm zu, die Muschel mit ihren knochigen Fingern ver-
deckend, aber warum sollte Arno Wallmann nicht mitbe-
kommen, daß Hitzkopf Ludger ins Büro zurückgekehrt ist,
nachdem er vorübergehend im Weltraumkontrollzentrum
Oberpfaffenhofen angeheuert, sagen die einen, rumge-
schnüffelt, die anderen, hatte. Außerdem reißt er Ilse nun
sowieso den Hörer aus der Hand und brüllt hinein, als ob es
um ihrer aller Leben ginge. Arno Wallmann läßt ihn zunächst ins Leere laufen und verwickelt ihn dann flugs in die
ideologische Erörterung der brandneuen, ihm noch nicht zu
Gesicht gekommenen Leckbriefmarke. Nur eine Mark? Ja-
wohl, mein Lieber, vom Zweimarkstück zur Einermarke.
Eine durchaus denkbare Sondermarke fünfzig plus x wäre
passender gewesen, fiebert der Zurückgekehrte in die lange
Leitung, aber wem wäre das x zugeschlagen worden?
Schalck-Golodkowski natürlich, lacht Ilse Banzer mit guttu-
ral verstärkter Stimme, damit es auch der lauthals kauende
Freund im fernen Afrika hören kann, jeder kennt den Effekt,
daß man den Fernseher lauter drehen muß, wenn man auf
etwas Widerspenstigem herumbeißt. Laß mal gut sein,
schmollt Ludger seine blondierte Kollegin an, denn er läßt
nichts auf Schalck-Golodkowski kommen. Gerade hatte der
DDR-Politiker den hübschen Tegernsee, genauer, dessen als
malerisch besungene Gestade, verlassen müssen, um sich
einem, wie Ludger es ausdrückt, blutrünstigen Berliner Ge-

richt zustellen, welches die RAF, ergänzt Arno, seit einigen Minuten vom Schluckauf geplagt, früher sofort in die Luft gejagt hätte. Finden alle in der Runde. Nach und nach fliegen die Namen Enzensberger, Kinkel und Wieczorek-Zeul durchs Büro, dann erhält Ilse Banzer das helmblaue Telefon zurück und legt, ihr neuestes Steckenpferd, gegen die sogenannte Umweltorganisation Greenpeace los. Daß Strauß im Vergleich mit Scharping heute womöglich als der linkere zu betrachten wäre, hört Ludger seine Genossen aus dem Nebenraum noch sagen, dann hat er das Büro mit dem Vorsatz verlassen, sich zu Hause sogleich an sein lästiges Traumtagebuch zu machen. Dieses wird nicht nur von grausamen äthiopischen Märchenköniginnen, phallischen mitunter, bevölkert, sondern auch von ganz prosaisch gefallenen Innenministern, und logisch, von der Vollmer und ihrem Geißler, geteert und gefedert, live, auf der Frankfurter Buchmesse. Mach dich nicht unglücklich, so Arno vor seiner Abreise zu Ludger, denn Arno Wallmann schätzt das Träumen kaum, hält also auch das zwanghafte Traumtagebuchführen für eine apolitische Grille. Aber Arno soll ganz ruhig sein. Fragt Ilse Banzer aus Darmstadt, die eben den Hörer aufgelegt und sich nun in die ärgerliche Betrachtung einer Laufmasche versenkt hat: Wer reist denn nach Afrika, um der nebulösen Genese kalifornisch-postsurrealistischer Romanfiguren hinterherzujagen? Vielleicht sollte man sie einen Song darüber schreiben lassen.

1996

Inhalt

Neuere deutschsprachige Literatur
in den suhrkamp taschenbüchern

Neuere deutschsprachige Literatur
in den suhrkamp taschenbüchern

Neuere deutschsprachige Literatur
in den suhrkamp taschenbüchern